kakimoto arms 流

ハイライト大辞典

High light Dictionary

Message

皆さんは「ハイライト」って、どんな効果、役割を持っているメニューだと捉えていらっしゃいますか？　立体感を出す？　ツヤ感を加える？もちろんその効果もあります。でも『kakimoto arms』では、ハイライトは「女性像を大きく変化させることのできるメニュー」だと考えています。例えばハイライトの入れ方が全く同じでも、ベースとの明度差が少なければナチュラルな印象に、逆に明度差が大きければモードな印象になります。また同じ明度差であっても、細かく馴染むようにハイライトを入れればソフトな印象に、大胆に太めに入れればハードな印象になります。大切なのは、ハイライトを単なる「技法」にしない、ということ。お客様の「なりたい女性像」に近づけるために、とても有効なメニューだと捉えること。そのことを伝えたくて、私たちはこの本を作りました。
この本では、サロンワークで人気のあるハイライトデザインとそのレシピをご紹介すると共に、「似合うハイライト」を導き出すための知識、イメージしたハイライトを表現するためのテクニック、ハイライトの効果をお客様にお伝えし、リピートしていただくためのカウンセリングとプランニングのノウハウ、これらをなるべくシンプルに、分かりやすくまとめました。これまでハイライトやブリーチに関して、少し曖昧なまま対応してきたようなこともこの1冊で解消でき、より自信を持ってお客様にお勧めできるようになるのではと考えています。
今の時代、お客様のニーズは様々です。ファストファッションと高級ブランドが両立するように、美容に手軽さを求める人がいれば、より専門性を求める人もいます。しかし女性はいつの時代であっても、より美しく、素敵になりたいと願うもの。であれば私たちプロは、その願いを叶えるべく、常に技術と知識を広げていきたいですよね。そしてお客様の信頼を得て、支持される美容師であり続けたい。そのスキルの一つとして、この本があなたのお役に立てることを心から願っています。

『kakimoto arms』カラーリストチーム

CONTENTS

03   **Message**   メッセージ

06   **Part1**
kakimoto arms流　人気のハイライトデザイン
①サーフェイスライツ／②ミランダライツ／③フリンジライツ／④シースルーライツ／
⑤スーパーグラデーション／⑥ジェシカライツ

20   6つのハイライトデザインの特徴と使いこなし

22   カラーレシピ

28   **Part2**
ハイライト提案のための基礎知識

30   Chapter01   カットベースとハイライトの関係

34   Chapter02   ベースとハイライトのレベル差の関係

38   Chapter03   求める女性像とハイライトの関係

40   パーソナルカラーの基礎知識

42   パーソナルカラーとハイライトの関係

44   Chapter04   **レングス別ハイライトデザインの基本**
①パートがないショート＆パートがあるショート／②バングがないボブ＆バングがあるボブ
③バングがないミディアム＆バングがあるミディアム
④バングがないロング＆バングがあるロング

68   レングス＆フロント別　似合うハイライトデザイン早見表

70   **Part3**
ハイライトを成功させるための見直しテク

72   Guidance ハイライトのプロセスを構成する要素とは？

74   Chapter01   ブリーチをコントロールしよう

76   ブリーチコントロール実験例

78   20レベルスケール

80   Chapter02   徹底復習！　ハイライトの基本テク

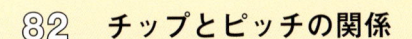

82	チップとピッチの関係
83	ホイルにベルトを巻く理由
84	正しいフォームと立ち位置
86	正確なセクショニングの仕方
88	基本のフルウィービング
91	よくある NG 例
92	**Chapter03　ウィービング以外の代表的なテク**
93	ダブルチップ
94	バタフライチップ
95	チップバタフライ
96	フレンチバレイヤージュ
97	フィンガーペインティング
98	トナーの重要性を知ろう
99	ドライで行うトナー
100	ウエットで行うトナー（シャンプー台）
101	ウエットで行うトナー（セット面）

102	**Part4**
	継続提案のためのカウンセリングとプランニング
104	**Chapter01　カウンセリングとプランニングの基本**
106	お客様の目的・要望別プランニング例
108	**Chapter02　継続提案のプランニング実例　　CASE 1 〜 4**
116	グレイカラー＋ハイライトのプログラミング
118	テクニックとカウンセリングの Q&A
120	奥付

| 121 | 切り取り用　20 レベルスケール |
| 122 | 切り取り用　実物大チップ |

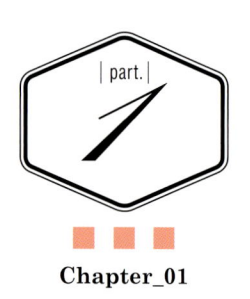

kakimoto arms 流
人気のハイライトデザイン

『kakimoto arms』では、代表的なハイライトデザインに、それぞれの特徴が分かるような名前をつけています。ネーミングすることで、お客様によりイメージが伝わりやすくなるからです。ここではまず、人気の6つの代表的なデザインとその特徴を見ていきましょう。

styling_YUMENO OGAWA

Surface Lights

サーフェイスライツ

表面のみに入れるハイライトデザイン。面構成のボブやトップに動きのあるショートなどに向きます。表面のハイライトとアンダーの影により奥行きや立体感が生まれます。

color_MASAKAZU　KUMAKURA
hair_TOMOHIRO KOBAYASHI
make-up_MAYUMI IIDA
ボウタイ付きブラウス／PHEENY
ピアス／IDEALITE（Jolly&co.inc）

color_MASAKAZU KUMAKURA hair_TOMOHIRO KOBAYASHI
make-up_MAYUMI IIDA
サーマルトップ¥8,640／Name. デニムパンツ、ベルト／共にSEA（S-STORE）
右手：バングル／IDEALITE×CLANE（CLANE DESIGN） チェーンリング
¥16,200／Veronica is（mixtape inc.,） 左手：ブレスレット、リング／共に
IDEALITE（Jolly&co.inc）

color_RYO NOMURA
hair_MASAYOSHI SHIBUYA
make-up_MAYA FUSHIKI
ロングＴシャツ¥16,200／CHERIE (Harumi Showroom)
スリップドレス¥25,920／DRESSEDUNDRESSED　デニ
ムパンツ／SEA (S-STORE)　ピアス／スタイリスト私物

Miranda Lights

ミランダライツ

フロントをかき上げた時に強調される、顔周りのみに入れる
ハイライト。前髪長めのショート〜ロングをフェミニンな雰
囲気に仕上げます。

color_NORIKO TAKAHARA
hair_YUSUKE HOSOYA
make-up_ANNA FUJIMOTO
シースルーブルゾン¥62,370／RE SYU RYU（ニンジニアネッ
トワーク（rashink × RE SYU RYU））片耳ピアス¥22,680／
chigo（mixtape inc.,）中に着たボディスーツ／スタイリスト私物

Fringe Lights

フリンジライツ

内側に入れるインナーデザインのハイライト。リバースに流した時に、明るさと立体感が表現され、女性らしい華やかさや毛先の軽やかさが生まれます。

color_RYO NOMURA
hair_MASAYOSHI SHIBUYA
make-up_MAYA FUSHIKI
シャーリングスリーブトップ ¥33,480 ／ hue
DAY TO EVENING（Harumi Showroom）

color & make-up_KANA SHINODA
hair_SATOSHI TAKAHASHI
ギャザートップ／ CNLZ（alpha PR）　チェーンブレスレット／
IDEALITE(Jolly&co.inc)　人さし指のリング¥16,200 ／ chigo
(mixtape inc.,)　薬指の3連リング¥32,400 ／ flake

See-through Lights

シースルーライツ

ベースに対して5レベル明るめで、3×3×7ミリのハイライトを全体に施すことで、透け感や柔らかさを表現するハイライト。幅広いスタイルに適応します。

color & make-up_KANA SHINODA
hair_SATOSHI TAKAHASHI
デニムパンツ／SEA (S-STORE)
ネックレス¥60,480／Veronica is (mixtape inc.,)
Tシャツ／スタイリスト私物

color & make-up_HARUMI IWAKAMI
hair_SHUNSUKE IWAMOTO
デニムパンツ／ SEA (S-STORE)
バングル／ IDEALITE × CLANE (CLANE DESIGN)
リング（5本セット）¥35,640 ／ Veronica is (mixtape inc.,)
シャツ／スタイリスト私物

Super Gradation

スーパーグラデーション

毛先側に明るさを出しつつ、根元から毛先までの、明度差の繋がりをなめらかに見せるハイライト。動きのあるスタイルなら、ショートからロングまで表現可能です。

color_ASAMI TOYODA
hair_NATSUMI OIKAWA
make-up_MAYA FUSHIKI
チェックスリーブトップ¥28,080／agris (arounds)
ピアス（片耳売り）／IDEALITE (Jolly&co.inc)

color & make-up_HARUMI IWAKAMI
hair_SHUNSUKE IWAMOTO
サーマルロング T シャツ／ PHEENY

Jessica Lights
ジェシカライツ

360°どこから見ても、どこからかき上げても美しい、フルヘッドのハイライト。ヘルシーで華やかな、女性らしい透明感を表現することができます。

color & make-up_ASAMI TOYODA
hair_NATSUMI OIKAWA
V ネックトップ／ CNLZ (alpha PR) ネックレス¥21,600 ／chigo (mixtape inc.,)
リング／モデル私物

color_KENJI KIJIMA
hair_YU MOMOSE
make-up_ASAMI TOYODA
パジャマシャツ¥21,384 ／ LOOK SEA (GEM PROJECTOR)

6つのハイライトデザインの特徴と使いこなし

「kakimoto arms 流 人気のハイライトデザイン」の特徴を解説します。それぞれ、どんなカットベースやどんなニーズに向くのかを確認しましょう。

1 サーフェイスライツ

特徴はなに？

表面のみに入れるハイライト。内側は暗いまま残すので、陰影と立体感が生まれる。

どんなスタイルに向く？

ショートボブからミディアムボブくらいまでに効果を発揮する。

どんなニーズに合う？

デザインポイントが表面にあるスタイルに、陰影をつけたい、立体感を出したい場合などに向く。

注意点は？

段の入っていないローグラデーションなら表面のみで OK。ウエイトポイントを見極めて、その位置から表面に向かって入れる（下に入れると毛先にプツプツとした点が出てしまう）。

Surface Lights

2 ミランダライツ

特徴はなに？

顔周りのみに入れる、アクセントハイライト。フロントをかき上げたときに強調され、フェミニンな雰囲気を出しやすい。

どんなスタイルに向く？

サイドにつながる、かき上げ系のフロントのショート〜ロング。レングスの半分以上の長さがあり、自在に動くフロントであることが望ましい。

どんなニーズに合う？

あらゆる世代に向くが、特に大人世代には人気。顔周りの白髪もぼかしやすい。ホイル 15 〜 20 枚、短時間で済むので、時間がないお客様もトライしやすい。

注意点は？

2×2×5ミリの細かいウィービングで、フロント生え際の産毛にまで入れることがポイント。徹底したブリックワーク（P82 参照）で、どのようにかき上げてもきれいにブレンドするように入れる。

Miranda Lights

Fringe Lights

3 フリンジライツ

特徴はなに？

内側に入れる、インナーデザインのハイライト。リバースに流した時や巻いた時に、明るさと立体感を表現。表面のナチュラルな明るさを残したまま、女性らしい華やかさを表現できる。

どんなスタイルに向く？

リバースに流す、または巻き髪ロングの、顔周りを明るく華やかにしたい場合、立体感を出したい場合に向く。

どんなニーズに合う？

仕事上の都合などで、明度に制限があるがハイライトを楽しみたい方に向く。フォワードに仕上げれば隠れるので、仕事上制限がある人でも OK。

注意点は？

被さって隠れる部分と表面に出てくる部分を把握して、内側のどの位置からハイライトを入れるのかを見極める。

4 シースルーライツ

特徴はなに？

ベースに対して5レベル差で、3×3×7ミリのウィービングハイライトを全体にまんべんなくブレンドすることで、コントラストを出し過ぎず、まろやかな透け感や柔らかさを表現するハイライト。

どんなスタイルに向く？

テクスチャーの出方がポイントなので、すべてのレングスがOK。柔らかな動きを出したいスタイルに最適。

どんなニーズに合う？

アジア人の硬い髪に透け感を出し、柔らかく見せたい場合に向く。

注意点は？

徹底したブリックワークで入れていかないと、コントラストが出てしまい透明感が出にくい。顔周りや表面などのカバーリングを取ることで、コントラストをつけ過ぎないことも大切。

See-through Lights

5 スーパーグラデーション

Super Gradation

特徴はなに？

毛先側に明るさを出しながら、根元から毛先までの明度差に繋がりを自然に見せるハイライト。メリハリがつき、個性の強いモード感、ストリート感を演出しやすい。

どんなスタイルに向く？

動きのあるショート〜ロングで、グラデーションカラーでも根元からの自然な繋がりが欲しい、という場合に適している。

どんなニーズに合う？

ストリート感やモード感を出しやすいので、どちらかというと若い世代のニーズに合う。

注意点は？

手法はバタフライチップやバレイヤージュ、フィンガーペインティングなど様々ある。どの場合も、明度のグラデーションをなめらかに繋ぐことがポイント。

6 ジェシカライツ

特徴はなに？

全方位、どこから見ても、どこをかき上げても美しいフルヘッドのハイライト。奥行き感と共に存在感も出て、女性らしく華やか、リュクスな雰囲気を醸し出すことができる。

どんなスタイルに向く？

毛先に豊かな表情が生まれるので、量感のある重めのロングレイヤーに効力を発揮。鎖骨下以上の長さは欲しい。胸位のレングスだとより望ましい。

どんなニーズに合う？

ロングにラグジュアリー感のあるハイライトが欲しい人に向く。巻いたり、アレンジをする人にはより効果的。

注意点は？

毛先の先までしっかりとコントラストを表現することと、顔周りのハイライトを繊細に入れることが大切。毛先にある程度の量感が欲しく、毛先が削れ過ぎている人には不向き。

Jessica Lights

Color Recipe

サーフェイスライツ

P8

表面の繊細なチップと、下のスライシングの
コントラストで、奥行きや束感を強調

Before

アンダーは 8 レベル。

Highlight

図のように、トップは幅 3 ミリ、深さ 3 ミリ、間隔 7 ミリのウィービング、それ以外はハチまで厚さ 2 ミリのスライシングを取り、パウダーブリーチ（6%OX）で 17 レベルまでトーンアップ。

Base

ホイル以外の全体に、アルカリカラーのアッシュ系 5.5 レベル（3%OX）を塗布。

Toner

最後に低アルカリカラーのグレージュ系 10 レベル（3%OX）でトナー。仕上がりのベースは 6 レベル、ハイライトは 16 レベルとなる。

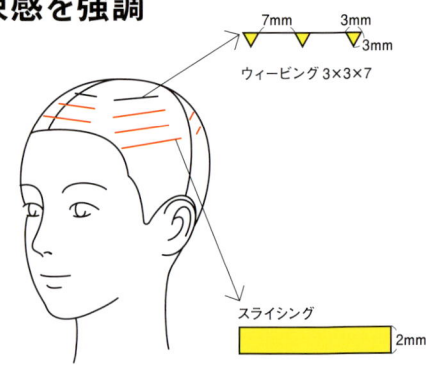

ウィービング 3×3×7

スライシング 2mm

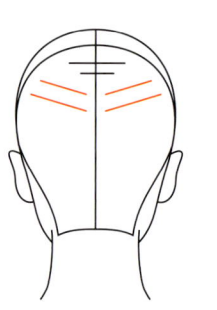

P9

顔周りと表面に、繊細かつ強めの
コントラストをつけて立体感を強調する

Before

アンダーは 10 レベル。

Highlight

図のように、顔周りと表面は幅 3 ミリ、深さ 3 ミリ、間隔 7 ミリのベーシックなウィービング。それ以外は幅 5 ミリ、深さ 5 ミリ、間隔 5 ミリのダブルチップを取る。パウダーブリーチ（6%OX）で 17 レベルまでトーンアップさせる。

Base

ホイル以外の全体に、低アルカリカラーのアッシュ系 5 レベル（3%OX）塗布。

Toner

流した後、低アルカリカラーのモノトーン系 10 レベル（3%OX）でトナー。仕上がりのベースは 5.5 レベル、ハイライトは 16 レベルとなる。

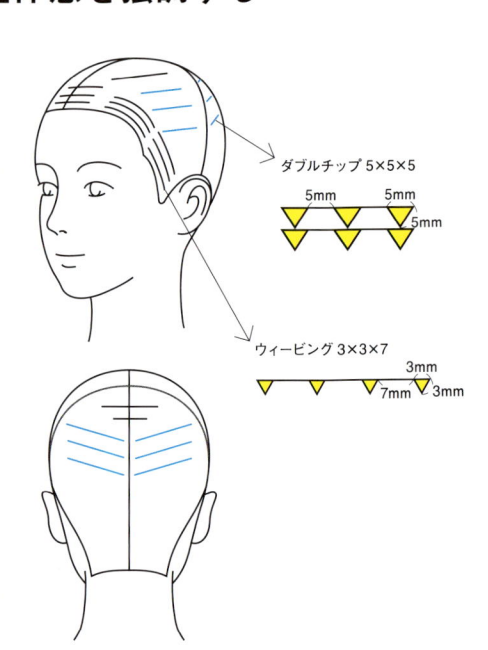

ダブルチップ 5×5×5

ウィービング 3×3×7

Miranda Lights ■ ■ ■
ミランダライツ

P10

顔周りのアクセントハイライトで、
ヘルシー＆女性らしさを

Before

アンダーは 10 レベル。

Highlight

図のように、顔周りは幅 2 ミリ、深さ 2 ミリ、間隔 5 ミリの細かいウィービングで取り、パウダーブリーチ（6%OX）で 16 レベルまでトーンアップ。すべてブリックワークで行う。

Base

ホイル以外の全体に、低アルカリカラーのアッシュ系 5 レベル（3%OX）を塗布。

Toner

流した後、低アルカリカラーのグレージュ系 10 レベル（3%OX）でトナー。仕上がりはベースが 5.5 レベル、ハイライトは 15.5 レベルとなる。

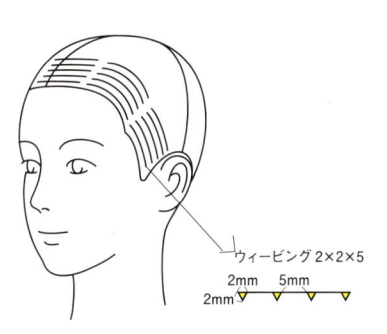

ウィービング 2×2×5
2mm　5mm
2mm

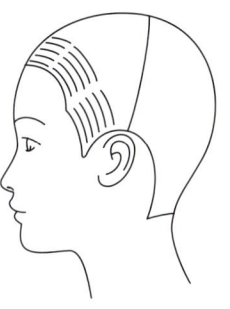

P11

顔周りの繊細なハイライトで、
立体感と華やかな女性らしさを

Before

アンダーは 8 レベル。

Highlight

図のように顔周りのみ、幅 2 ミリ、深さ 2 ミリ、間隔 5 ミリの細かいウィービングで取り、パウダーブリーチ（6%OX）で 16 レベルまでトーンアップ。

Base

ホイル以外の全体に、アルカリカラーのアッシュブラウン系 6 レベル（3%OX）を塗布。

Toner

流した後、微アルカリカラーのモノトーン系 9 レベル（3%OX）でトナー。仕上がりはベースが 6 レベル、ハイライトは 15 レベルとなる。

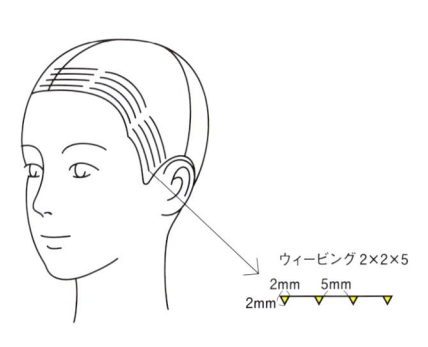

ウィービング 2×2×5
2mm　5mm
2mm

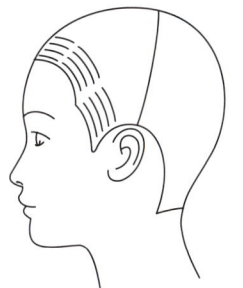

Fringe Lights
フリンジライツ

インナーハイライトで重く見えやすい
ロングに、繊細な立体感と抜け感を

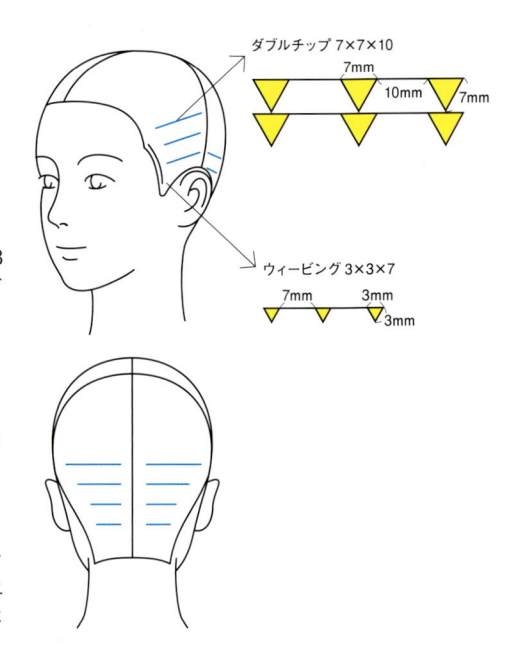

ダブルチップ 7×7×10
7mm
10mm
7mm

ウィービング 3×3×7
7mm
3mm
3mm

Before

アンダーは 8 レベル。

Highlight

図のように、サイドのこめかみより下と、バックのアンダーセクションに、幅 7 ミリ、深さ 7 ミリ、間隔 10 ミリのダブルチップを入れる。ただし顔周りの 1 線のみは、幅 3 ミリ、深さ 3 ミリ、間隔 7 ミリのウイービングを入れる。パウダーブリーチ（6%OX）で 16 レベルまでトーンアップする。

Base

ホイル以外の全体に、低アルカリカラーのアッシュベージュ系 6 レベル（3%OX）を塗布。

Toner

流した後、低アルカリカラーのアッシュベージュ系 9 レベル（3%OX）でトナー。仕上がりはベースが 6.5 レベル、ハイライトは 14 レベルとなる。

インナーに強めのコントラストをつけ
巻き髪に抜け感と立体感を強調

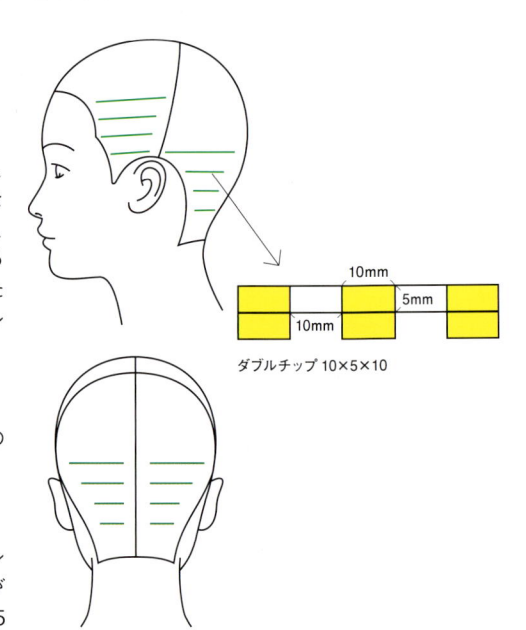

10mm
5mm
10mm
ダブルチップ 10×5×10

Before

アンダーは 10 レベル。

Highlight

図のように、こめかみより下に幅 10 ミリ、深さ 5 ミリ、間隔 10 ミリのダブルチップを入れる。ただし毛先が削がれていたので、三角チップではなく四角チップで取っている（根元から毛先まで、よりしっかりと入るため）。パウダーブリーチ（6%OX）で 16 レベルまでトーンアップ。

Base

ホイル以外の全体に、低アルカリカラーのマット系 6 レベル（3%OX）を塗布。

Toner

流した後、低アルカリカラーのモノトーン系 10 レベル（3%OX）でトナー。仕上がりはベースが 7 レベル、ハイライトは 15 レベルとなる。

シースルーライツ

 P14

ベース＋5レベル差のハイライトで、重く見えやすい髪質に透け感と軽やかさを

Before

アンダーは9レベル。

Highlight

図のように、ネープを除いた全体を、幅3ミリ、深さ3ミリ、間隔7ミリのウィービングで取る。このベーシックハイライトを、ブリックワークでまんべんなく入れていく。パウダーブリーチ（6%OX）で、15レベルまでトーンアップ。

Base

ホイル部分を流した後、全体に低アルカリカラーのベージュ系8.5レベル（3%OX）を塗布。仕上がりはベースが8.5レベル、ハイライトは13.5レベルとなる。

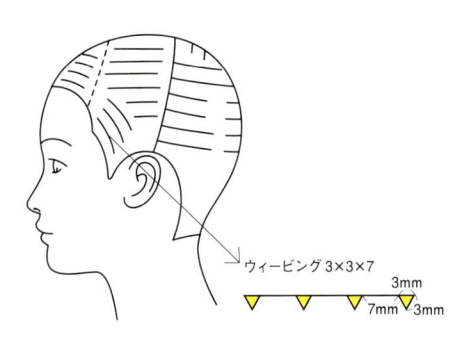

ウィービング 3×3×7

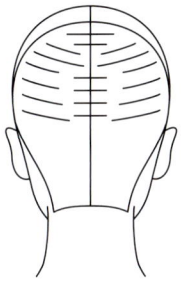

P15

徹底したブリックワークで、圧倒的な透明感を

Before

アンダーは9レベル。

Highlight

図のように、幅3ミリ、深さ3ミリ、間隔7ミリのウィービングで取るベーシックハイライトを全体に入れる。徹底したブリックワークで入れていくことがポイント。パウダーブリーチ（6%OX）で、15レベルまでトーンアップ。

Base

ホイル部分を流した後、アルカリカラーのアッシュベージュ系8レベル（6%OX）を全体に塗布。仕上がりはベースが8レベル、ハイライトは13レベルとなる。

ウィービング 3×3×7

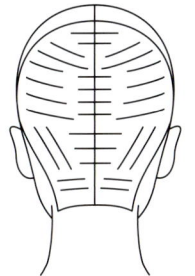

スーパーグラデーション

P16

ウィービング×バタフライチップの 滑らかで大胆なグラデーション

Before

アンダーは6レベル。

Highlight

図のように、幅3ミリ、深さ3ミリ、間隔7ミリのウィービングを取り、その下のスライスは幅10ミリ、深さ10ミリ、間隔10ミリのバタフライチップで取る。パウダーブリーチ（6%OX）で17レベルまでトーンアップ。

Base

ホイル部分を流した後、根元に低アルカリカラーのアッシュ系6レベル（3%OX）、中間〜毛先には低アルカリカラーのベージュ系10レベル（3%OX）を塗布。仕上がりは根元が6レベル、中間から毛先にかけては13〜16レベルのグラデーションハイライトに。

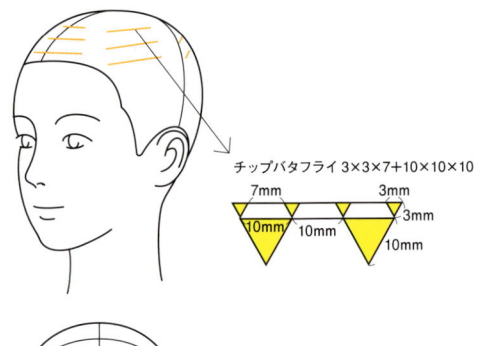

チップバタフライ 3×3×7+10×10×10

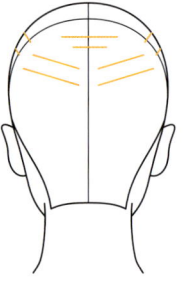

P17

バレイヤージュで、滑らか＋不規則な 束感を表現

Before

アンダーは10レベル。

Highlight

図のようなブロックで、バレイヤージュによるハイライトを入れていく。バック→左フロント→右フロントの順で進む。全ブロックを、パウダーブリーチ（6% OX）で16レベルまでトーンアップ。

Base

ホイル部分を流した後、根元には低アルカリカラーのアッシュ系5レベル（3% OX）、中間から毛先には低アルカリカラーのアッシュ系10レベル（3% OX）を塗布。仕上がりは6〜15レベルのグラデーションとなる。

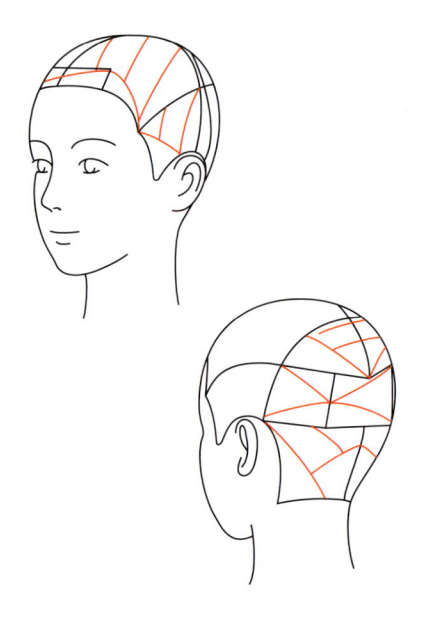

P18

強めで大胆なコントラストが、
全方位美しいデザイン。

Before

ベースは8レベル。

Highlight

図のように、顔周りは幅2ミリ、深さ2ミリ、間隔5ミリのウィービング、トップとヘムライン側は幅3ミリ、深さ3ミリ、間隔7ミリのウィービング、それ以外の中間部分は幅7ミリ、深さ7ミリ、間隔7ミリのダブルチップを取る。パウダーブリーチ（6%OX）で、すべて17レベルまでトーンアップ。

Base

ホイル部分以外に、低アルカリカラーのアッシュ系5.5レベル（3%OX）を塗布。

Toner

流した後、低アルカリカラーのモノトーン系10レベル（3%OX）でトナー。仕上がりはベースが6レベル、ハイライト部分は16レベルとなる。

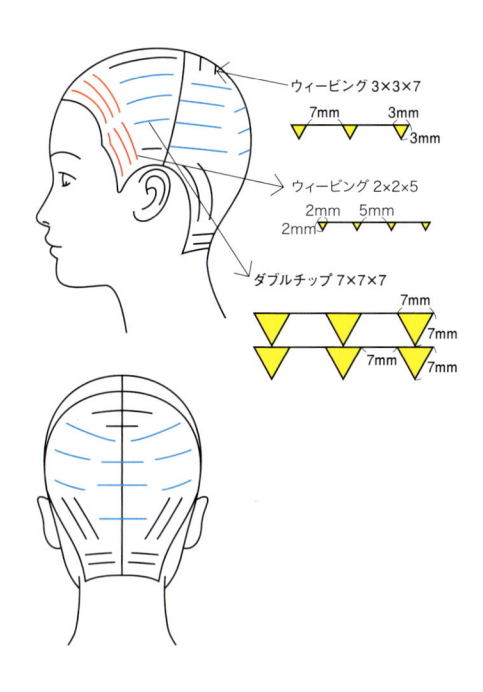

P19

細かいウィービングを全頭に施し、
強めだが繊細なデザインに。

Before

アンダーは7レベル。

Highlight

図のように、顔周りは幅2ミリ、深さ2ミリ、間隔5ミリのウイービング、トップとヘムライン側は幅3ミリ、深さ3ミリ、間隔7ミリのウィービング、それ以外の中間部分は幅5ミリ、深さ5ミリ、間隔5ミリのダブルチップを取る。パウダーブリーチ（6%OX）で、すべて17レベルまでトーンアップ。

Base

ホイル部分以外に、低アルカリカラーのアッシュ系5レベル（3%OX）を塗布。

Toner

流した後、微アルカリカラーのモノトーン系10レベル（2%OX）でトナー。仕上がりはベースが5.5レベル、ハイライト部分は16レベルとなる。

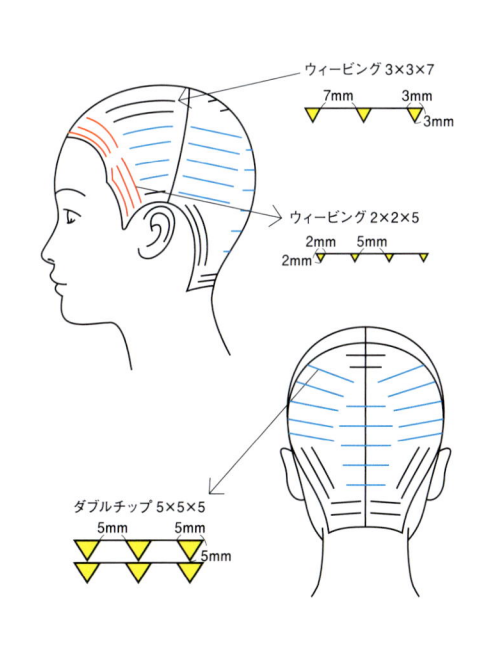

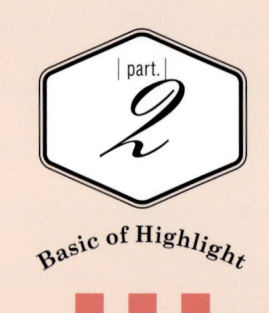

ハイライト提案のための基礎知識

「似合うハイライト」を提案するには、デザインとそのテクニックを知るだけでは不充分。
ここではベースとのレベル差、パーソナルカラーなど、カラー提案の基礎知識を解説していきます。

カラリストの頭の中をのぞいてみると...

1 今日の仕上がりイメージ

↓

2 素材をチェック
髪質、毛量、ダメージ具合

↓

カットベースを見る	ベースの明度	求めるイメージを確認
	(またはベースとハイライトの明度差)を チェック	
レングス、フォルム、ライン、バング＆パートの有無、セクション（カットの構成）、段差と重なり具合、毛流れ、毛量と毛先の削がれ方、質感	アンダーレベル、残留ティント、カラー履歴	パーソナルカラー、女性像（ナチュラル、ソフト、フェミニン、ピュア、クール、モード、セクシー、ハード etc…）
重要! カットベースに対する、ハイライトの効果	**重要!** ベースカラーに対する、ハイライトの効果	**重要!** パーソナルカラーとイメージの関係
→ p30 ～ 33	→ p34 ～ 37	→ p38 ～ 43

↓

3 ハイライトデザインの検討

カットベースのどこを活かす？　どこにポイントを持ってくる？　入れる位置は？　どうすればフォルムがきれいに見える？　ベースとの明度差をどうつける？　コントラストはつける？　つけない？　彩度差と色相差をどうする？　パーソナルカラーにどう合わせる？

Point!

1. ハイライトのデザインポイントを明確にする
2. ベースとハイライトの明度差を明確にする
3. パーソナルカラーと求めるイメージを踏まえて、色味やトーンの着地点を明確にする

↓

具体的なテクニック、薬剤選択へ

最小限で、最大限の効果を発揮するハイライトを目指す！

Chapter_01

カットベースとハイライトの関係

ハイライトデザインは、カットベースをよりよく見せる効果を持つもの。レングスはもちろん、パートやバングの有無、
段差の付き具合で「効果的なハイライト」の入れ方が変わります。ここではレングスとフロントデザイン別に、似合うハイライトを見ていきます。

Short
ショート

パートがある
ショート

パートがない
ショート

ハイライトに効果的なセクション

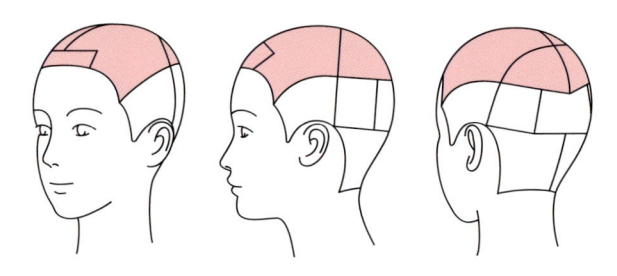

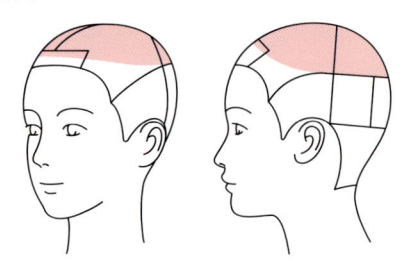

☑ ショートに効果的なハイライトとは

ショートはウエイトポイントを見極めて、そこから上
（表面）に向かってハイライトを入れることが基本
です。ウエイトより下に入れると、毛先にプツプツ
とした「点」が出てしまうので注意。また、ショー
トはデザインポイントを絞り、メリハリをつけたほ
うが効果的。パートがないショートは、フォワード
シェープの無造作な質感が多いので、その束感や

立体感を引き出すデザインを。トップのみのハイラ
イトでもOK。パートがあるショートは、削ぎ具合
と落ちる位置を見極めて、明るさが欲しい位置を
あらかじめ計算しておきましょう。毛量調整がしっ
かり入っている場合は、バタフライチップやダブル
チップなどを使うと、毛先までしっかり見えるハイ
ライトになります。

Bob
ボブ

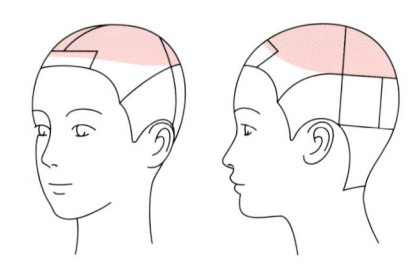

バングがある
ボブ

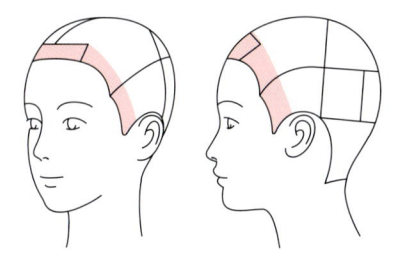

バングがない
ボブ

ハイライトに効果的なセクション

☑ ボブに効果的なハイライトとは

動きが少なく面構成のボブは、表面（＆顔周り）のみのハイライトデザインが適しています。バングがあれば、トップにハイライトを入れてアンダーは暗めに残しメリハリをつけるサーフェイスライツ、バングがなければ、顔周りのみを明るくするミランダライツなどが効果的。全体に柔らかな透け感を出すシースルーライツもOK です。ただしボブは動き

が少ない分、コントラストがはっきりと出やすいので、均一で正確なテクにすることが大切。仕上がりがストレートタッチであればあるほど、ラフな入れ方は不向きとなります。また、面構成だとハイライトの仕上がりの根元部分が目立ち過ぎてしまうこともあるので、カバーリングの残し方に注意しましょう。

Medium
ミディアム

バングがある
ミディアム

バングがない
ミディアム

ハイライトに効果的なセクション

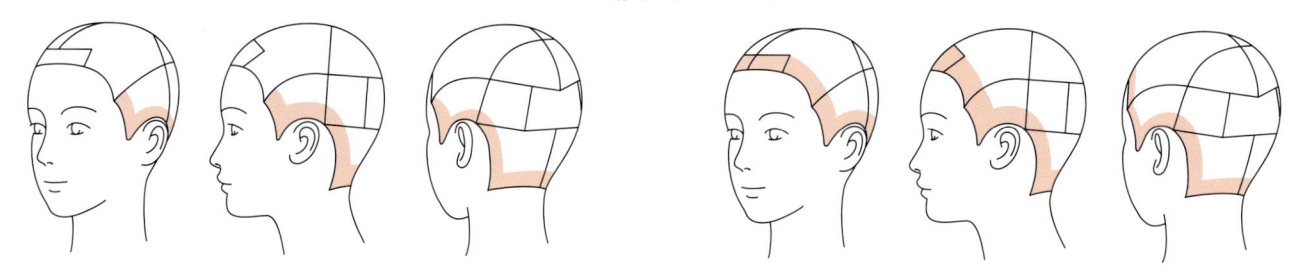

☑ ミディアムに効果的なハイライトとは

肩までの長さは、ボブの延長上の考え方でOK。鎖骨レングスになると、毛先の先までハイライトを出す工夫が必要となります。が、ローグラベースかレイヤーベースかでもデザインポイントは異なります。ローグラベースは表面中心のハイライト、レイヤーベースではアンダー中心で毛先に出るハイライトと、ポイントが変わってくるからです。基本的にデザインポイントにしたいゾーン＝明るくしたいゾーン（ハイライト）と考えましょう。例えばローグラベースなら表面のみのサーフェイスライツ、レイヤーベースなら毛先中心のフリンジライツなどが向いています。またバングがない場合は、顔周りもハイライトで明るくした方が効果的。バングがある場合はバングをあえて影にするデザインも可です。

Long
ロング

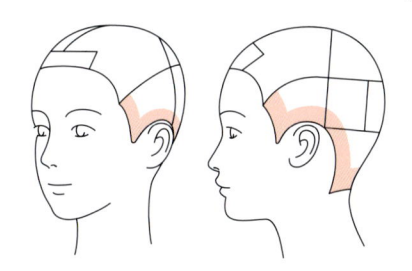

バングがある
ロング

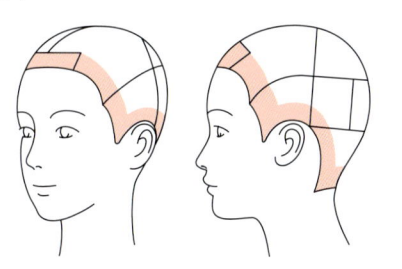

バングがない
ロング

ハイライトに効果的なセクション

☑ ロングに効果的なハイライトとは

ロングの魅力のひとつが、鎖骨下で揺れる髪。この部分にハイライトが現れることが、ロングの場合は基本です。レングスが長くなればなるほど、毛先にいかにハイライトを表現するのかを考えましょう。長さがあるとベースとハイライトの明度差が際立って見えやすいので、明度差設定は慎重に行う必要があります。逆に慎重になるあまり、明度差

が少な過ぎて「入れたはずなのに見えない」という失敗も起きやすいので注意。ロングはほとんどのハイライトデザインが可能で、様々な女性像をつくることができます（P69 参照）。カットの変化が少なくても、カラーで大きく女性像が変化させられるので、事前のカウンセリングでイメージを明確にしましょう。

Chapter_02

ベースとハイライトのレベル差の関係

ここではベースとハイライトのレベル差をテーマに、ベースのレベルとハイライトのレベルの組み合わせ方次第で、
見え方や印象がどう変わるのかを見ていきます。レベル差の違いを知って、求める最終イメージに合わせた設定ができるようになりましょう。

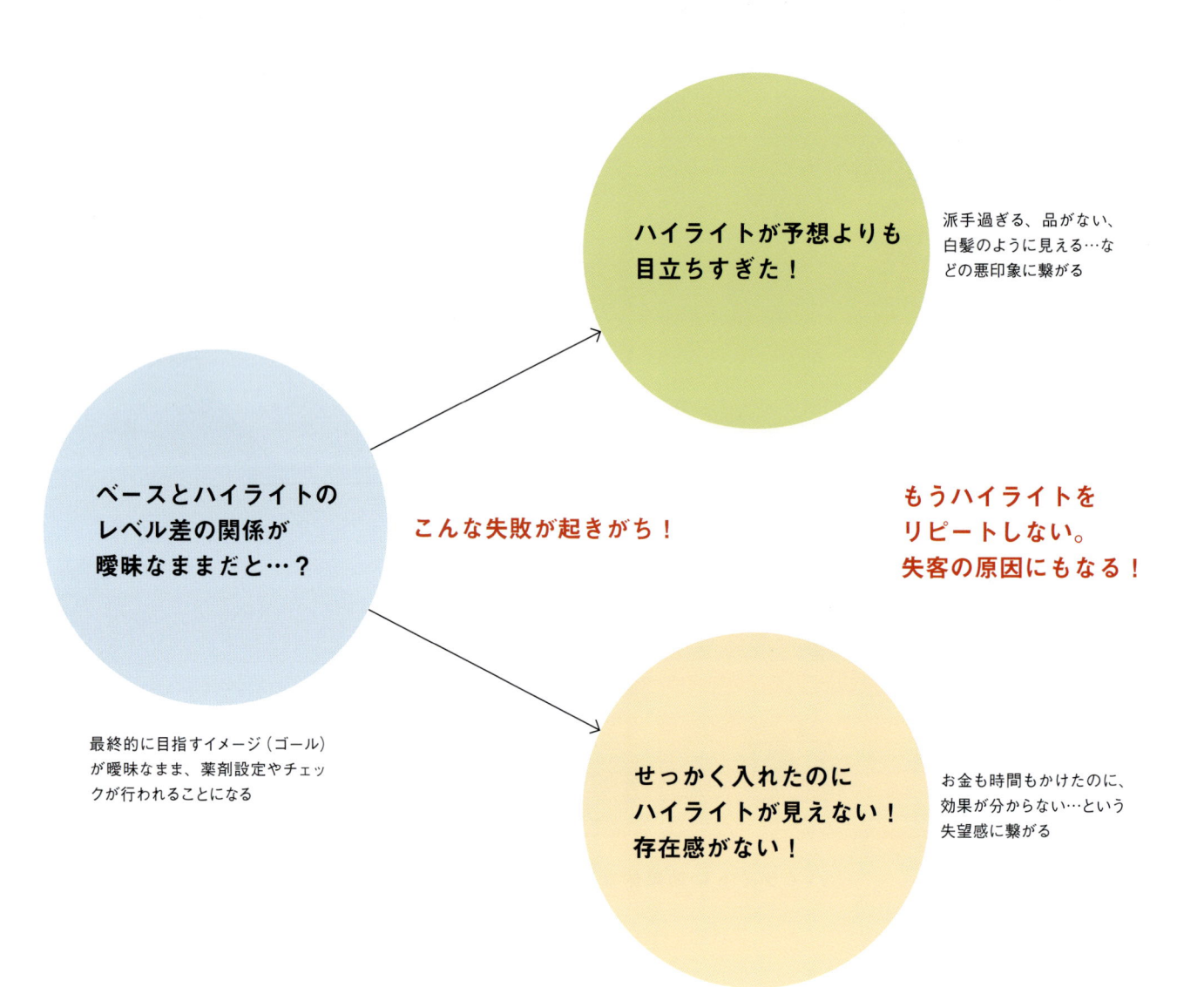

ベースとハイライトの
レベル差の関係が
曖昧なままだと…？

最終的に目指すイメージ（ゴール）
が曖昧なまま、薬剤設定やチェッ
クが行われることになる

こんな失敗が起きがち！

ハイライトが予想よりも
目立ちすぎた！

派手過ぎる、品がない、
白髪のように見える…な
どの悪印象に繋がる

もうハイライトを
リピートしない。
失客の原因にもなる！

せっかく入れたのに
ハイライトが見えない！
存在感がない！

お金も時間もかけたのに、
効果が分からない…という
失望感に繋がる

☑ ベースとハイライトのレベル差の「自分基準」を持つことが大切！

P35 〜 37 の、ウイッグによる比較実験を見てみま
しょう。これはベースのレベルと、ハイライトのレ
ベルをいろいろ変えて、その見え方と印象の違い
を比較した実験です。
P35 はベースのレベルを一定に統一にし、ハイラ
イトのレベルのみを変えています。その結果、ハイ
ライトは 5 レベル以上の差がつかないと目に見え
にくいこと、存在感を出したいなら 7 レベル以上
の差があることが望ましいと分かります。

P36 は逆に、ハイライトを一定のレベルで統一し、
ベースのレベルを変えています。これを見ると、高
明度なハイライトであっても、ベース自体が高明度
であれば柔らかな印象に、逆にベースが低いとハ
イライトはくっきり目立ち、立体感を表現しやすく
なることが分かります。
P37 はすべて 7 レベル差での組み合わせですが、
ハイライトが 12 レベル以下だと、ベースが低明度
であっても、そもそもハイライトとしての存在感を

発揮しづらいことなどが分かります
「7 レベル差」はひとつの基準ですが、大切なのは
どんな印象にしたいのか、どこまで存在感を出し
たいのか、どの組み合わせが似合うのかを考える
こと。そのためにはベースとハイライトを何レベル
×何レベルにするのが最適なのか。それを自分で
データを取り、「数値化しておく」ということなの
です。

☑ ベースは同じ 8 レベル、ハイライトは 11、13、15 レベル

Highlight **11Lv**   Highlight **13Lv**   Highlight **15Lv**

全体

拡大

ハイライトが見え始めるのは 5 レベル差から。7 レベル差が一つの基準

ベースはすべて 8 レベルのナチュラル系。しかしハイライトは、11、13、15 レベルとレベル差をつけて組み合わせています（ベースとのレベル差が 3 レベル、5 レベル、7 レベル差）。基本的にベースとハイライトは 5 レベル差以上ないとほとんど認識できません。『kakimoto arms』ではハイライトの存在感を出す一つの基準を、7 レベル差以上としています。

※ハイライトはすべて幅 3 ミリ、深さ 3 ミリ、間隔 7 ミリのウィービング

☑ **ハイライトは同じ 15 レベル、ベースは 6、8、10 レベル**

Base **6Lv**　　　Base **8Lv**　　　Base **10Lv**

全体

拡大

ベースが暗いとコントラストが強くハード、明るくなるほど柔らかく馴染む印象に

ハイライトを 15 レベルに統一し、ベースのレベルを変えてみました。ベース 6 レベルでは、ハイライトはコントラストがはっきりしてハードな印象ですが、10 レベルになると馴染んで柔らかな印象に変化しています。ハイライト部分を 15 レベルまで抜くことはよくあると思いますが、ベースの明度で印象がだいぶ変わることを理解しておきましょう。

☑ ベースとハイライトはすべて7レベル差

| Base **5Lv** × Highlight **12Lv** | Base **7Lv** × Highlight **14Lv** | Base **9Lv** × Highlight **16Lv** |

全体

拡大

同じ7レベル差でも、ベースとハイライトの明度で印象は大きく変化

P35で「明度差は7レベルが基準」としましたが、組み合わせのレベルを変えてみるとどうでしょうか？　ベース5レベル×ハイライト12レベルでは、ハイライトが目立ちません。ハイライトは12レベル以下だと可視化しにくいのです。ベース7レベル×ハイライト14レベルとベース9レベル×ハイライト16レベルは、コントラストがしっかり強く見えます。同じ7レベル差でも、このように見え方と印象が変わります。

Chapter_03

求める女性像とハイライトの関係

カタチやベースの明度に対するハイライトの視覚効果を理解した上で、ハイライトの似合わせを考えていきましょう。
ここでは、お客様に「フィットするイメージ」もしくは「なりたいイメージ」に合わせた、ハイライトデザインの考え方を見ていきます。

1 | コントラストが強ければハード、弱ければソフト・ナチュラルな印象に

ハイライトデザインにとって、女性像を大きく左右するのが、コントラスの強弱です。基本的にコントラストが弱いほうが、コンサバでソフト、ナチュラルな女性像になります。逆にコントラストが強いとハードでクール、モード系な女性像に近づきます。

2 女性像に合わせたハイライトデザインと パーソナルカラーに合わせたベースカラー＆トナー

P40〜41で解説している「パーソナルカラー」は、生まれつき持っている肌や瞳、髪色などから判断する、似合いやすい色（肌色が良く、生き生きと見えやすい色）のことですが、時にはパーソナルカラーと、お客様本人の性格・好み・なりたいイメージが異なる場合もあります。例えばスプリングタイプだけれど、シックでコンサバな感じが好み、

ウィンタータイプだけれど、優しくフェミニンな印象にしたい、といったケースです。その場合は、まずハイライトデザイン（主にコントラストの強弱）を求めるイメージに合わせ、ベースの色やトナーで、色バランスをパーソナルカラーに近づけると、「求めるイメージ」と「似合うデザイン」の整合性が取りやすくなります。

☑ パーソナルカラーの基本的なイメージ

春
Spring
ソフト・華やか・若々しい・朗らか・キュート

夏
Summer
ソフト・落ちつき・上品・エレガント・フェミニン

秋
Autumn
大人っぽい・落ちつき・ハード・ゴージャス

冬
Winter
モダン・シャープ・華やか・ハード・クール

∨

**もしキャラクターや好みが、
パーソナルカラーと違っていたら？**

∨

ベースカラーとトナーで調節！

Ex 1　サマータイプだがクール系が好き

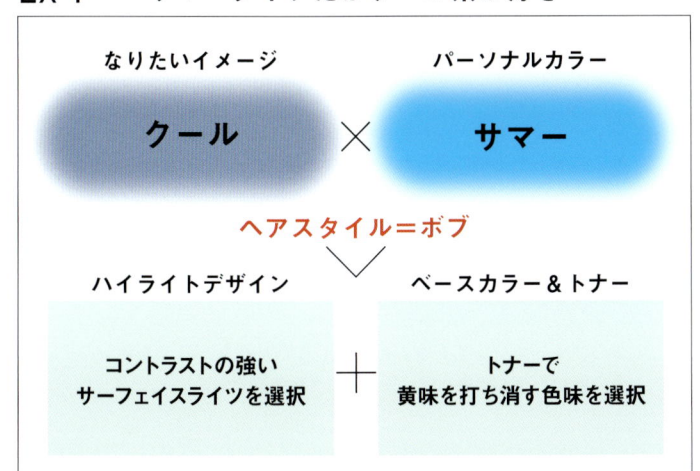

なりたいイメージ　　　パーソナルカラー

クール × **サマー**

ヘアスタイル＝ボブ

ハイライトデザイン　　　ベースカラー＆トナー

コントラストの強い
サーフェイスライツを選択 ＋ トナーで
黄味を打ち消す色味を選択

Ex 2　オータムタイプだがフェミニンが好き

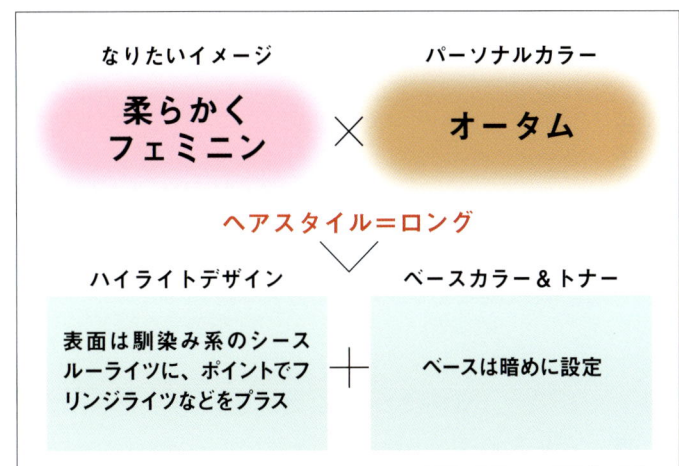

なりたいイメージ　　　パーソナルカラー

**柔らかく
フェミニン** × **オータム**

ヘアスタイル＝ロング

ハイライトデザイン　　　ベースカラー＆トナー

表面は馴染み系のシース
ルーライツに、ポイントでフ
リンジライツなどをプラス ＋ ベースは暗めに設定

ソフトなブルーベースが似合うサマータイプに、コントラストの強いハイライトを組み合わせる場合、ハイライトの黄味をトナーで打ち消すことが、似合わせのカギとなる。イエローやベージュが似合うスプリングタイプであれば、黄味を活かしてもOK。オータムならオリーブやマットブラウン系、ウィンターなら彩度の高いピンクなど、トナーで最終的な似合わせを調整する場合が多い。

重めではっきりしたデザインが似合うオータムタイプは、サマーのような軽く柔らかくフェミニンなタイプに憧れがち。この場合は表面のハイライトデザインを、質感が柔らかく馴染むシースルーライツにし、ネープに明度差のあるフリンジライツを入れるなどでバランスを取る。どこか一部分にオータムらしさを入れることがポイント。ベースは暗めのほうがオータムには似合わせやすい。

パーソナルカラーの基礎知識

「パーソナルカラー」とは、生まれつき持っている肌や目、髪の色と調和し、その人にもっとも「似合う色」のこと。これを探すための「パーソナルカラー診断」で、4つのシーズンカラーにタイプを分類します。この4シーズンのパーソナルカラーの知識があると❶服やメイク、ヘアカラーにおける「似合う色」が分かる❷肌色が良く見え、生き生きと若々しい印象になる。華やかさが増す　などのメリットがあります。ヘアカラーの色味を考える上でとても役に立つ知識です。

☑ アンダートーンと4シーズンカラー

図1 アンダートーンと4シーズンカラーの関係

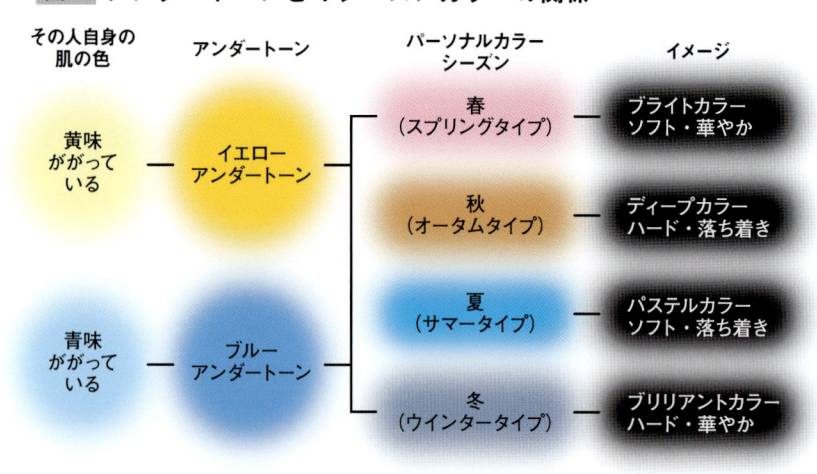

パーソナルカラーでは、まずその人が持って生まれた髪や肌、瞳の色に「ブルーが多く含まれているか」「イエローが多く含まれているか」で2つにタイプを分けます。ブルーが多く含まれるタイプを「ブルーアンダートーンベース」、イエローが多く含まれるタイプを「イエローアンダートーンベース」と呼びます。

さらにここから、4つのシーズンカラーにタイプを分けます(図1参照)。「ブルーアンダートーン」の中でも鮮やかでビビットな色が映えるタイプは「冬（ウインター）」、白を含んだパステルや優しく上品な色調が似合うなら「夏（サマー）」タイプとなります。

「イエローアンダートーン」の中でも明るく温かみのある色がフィットするなら「春（スプリング）」、落ち着いた深い色調が似合う人は「秋（オータム）」と分類します。

この4つのシーズンカラーには、それぞれ色調の特徴があります（図2参照）。服はもちろん、ヘアカラーやメイクの色をパーソナルカラーに調和させることで、その人に似合う（肌色が良く見える、生き生きと見える）色を選ぶことができるようになります。

図2 4シーズンカラーの色の特徴

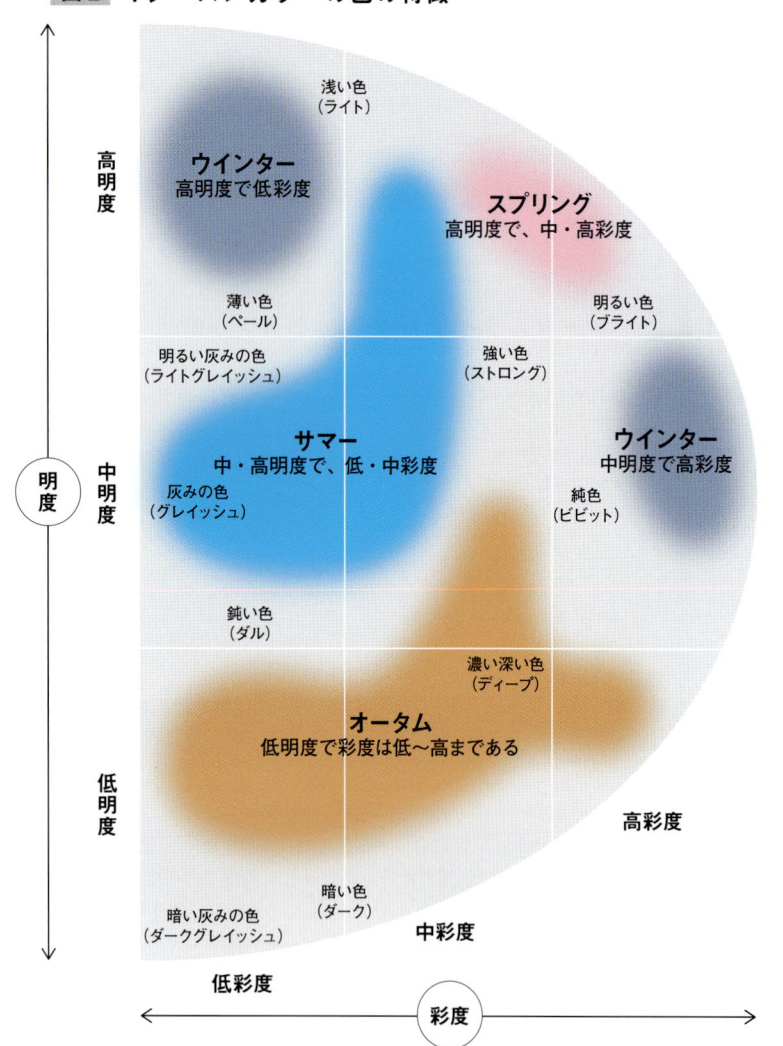

スプリングタイプ
イエロー

ブライトなイエローを含んだ、明るく温かみがあり、楽しい色。春の花々や新緑のすがすがしい緑などをイメージ。

オータムタイプ
イエロー

深いイエローやゴールドを含んだ、落ち着きと深みのある色。秋の紅葉した山々に見られるような色調。

サマータイプ
ブルー

少しブルーやグレイを含んだ、優しくて上品なパステル色。夏の強い日差しで白っぽく見えるような色調など。

ウインタータイプ
ブルー

ブルーを含んだ彩度の高い鮮やかな色。もしくは無彩色の白・黒・グレイ。または氷のように冷たく淡い色。

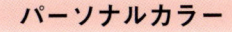 **パーソナルカラー** ━━ **肌映りの良いカラー。顔色が良く、きれいに見えるカラー**

外見的な特徴と似合う色

髪は明るいブラウンで柔らかい。瞳も明るいブラウンでキラキラと輝いている。肌は透明感があり、朗らかで若々しくキュートな印象。明るく澄んだ色が似合う。逆にくすんだ色は不健康に見えがちなので注意。

外見的な特徴と似合う色

マットで陶器のような肌質で、明るめ～暗めまで肌色は様々。頬や唇の赤味が少なく、髪や瞳は黄味がかったダークブラウン。大人っぽく落ち着いた雰囲気で、深みのある暖かな色が似合う。パステルカラーはぼやけた印象になりがち。

イエローアンダーベース

■ ブライトスプリング
スプリングタイプ

ディープオータム ■
オータムタイプ

明 ←————————————————————————→ 暗

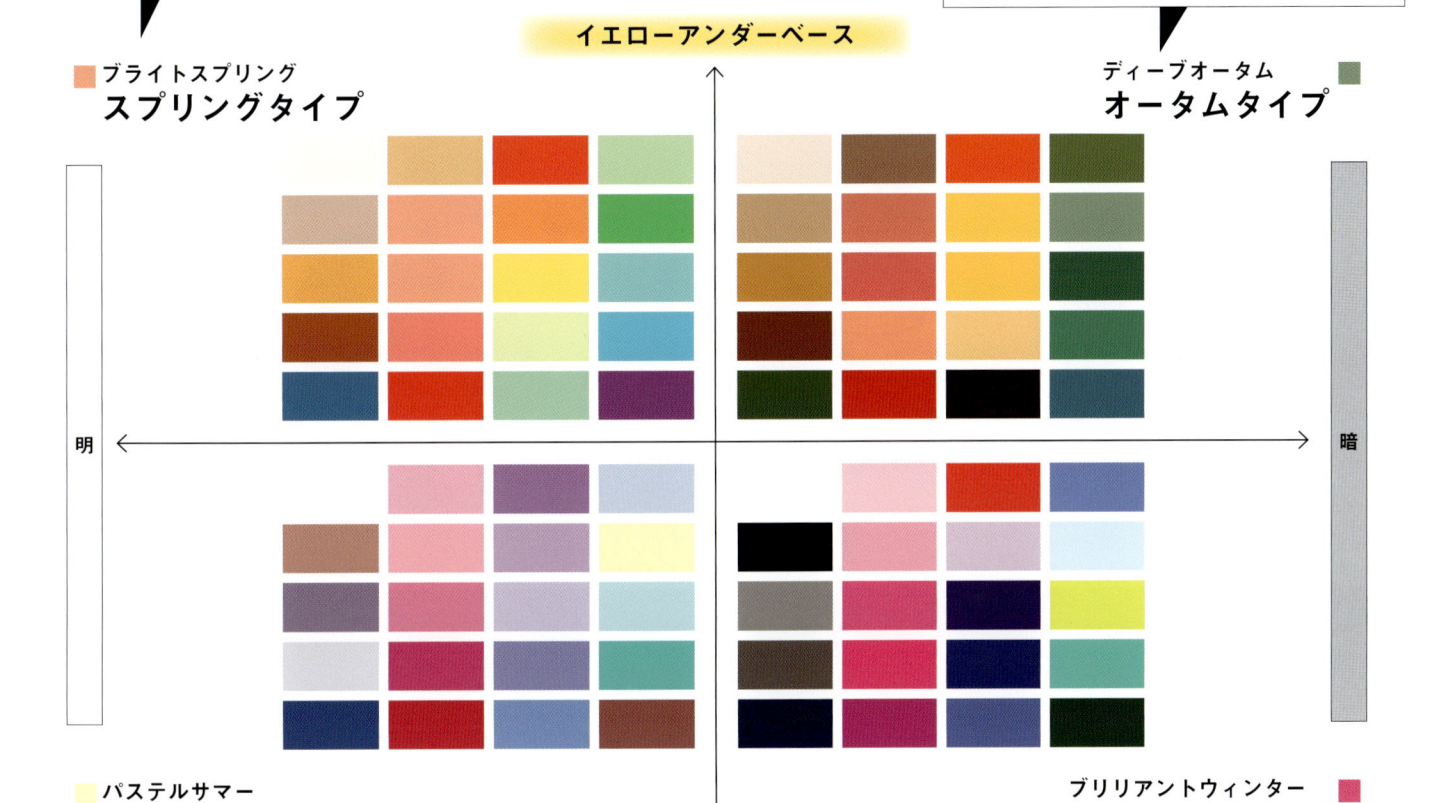

■ パステルサマー
サマータイプ

ブルーアンダーベース

ブリリアントウィンター ■
ウィンタータイプ

外見的な特徴と似合う色

髪はソフトな明るいブラウンや軽さのあるローズブラウン。瞳は黒に近いダークブラウンやローズブラウンでソフトな印象。色白でピンクがかった肌の人が多い。エレガントで上品な雰囲気があり、優しいパステルが似合う。濃い＆派手な色は顔色をくすませがちなので、顔周りに取り入れない方が無難。

外見的な特徴と似合う色

髪はつややかな黒で、瞳は黒に近いダークブラウン。白目とのコントラストがある。肌色は色白かダークトーンにはっきり分かれ、はっきりした顔立ちが特徴。モダンでシャープな印象なので、はっきりした鮮やかな色や無彩色が似合う。黄や茶系は老けて見えがち。

引用文献／NPO 法人 日本ヘアカラー協会 『新ヘアカラー入門』（新美容出版刊）2016 年

パーソナルカラーとハイライトの関係

パーソナルカラーから導き出される「似合う色」「似合うイメージ」などをヘアカラーに置き換えてみることで、
「似合うハイライトデザイン」を判断することができます。あくまでも基本例ですが、デザインを考える時の参考にしてください。

Summer

フェミニン
ナチュラル
ソフト

Winter

クール
モード
個性的

Spring
フレッシュ
キュート
ピュア

Autumn
知的
ゴージャス
大人っぽい

*S*ummer （夏）

イメージ：フェミニン、ナチュラル、ソフト、カジュアル、ロマンティック
コントラスト：弱～中
彩度：低

彩度が低めでコントラストも弱めの、ソフトなトーンが似合う。最後のトナーで、ハイライトの黄味をキャンセルすることが重要。シースルーライツも良く似合う。

*W*inter （冬）

イメージ：クール、モード、個性的、シャープ、モダン
コントラスト：強
彩度：高、もしくは低

コントラストは強め、彩度は高めか、低めで、明確なデザインが似合うタイプ。個性的なデザインもフィットする。逆にぼんやりしたデザインは NG。

*S*pring （春）

イメージ：フレッシュ、キュート、ピュア、ポップ、カラフル
コントラスト：中
彩度：中～高

華やかで若々しい雰囲気の人が多く、様々なハイライトデザインが似合うタイプ。ただしくすんだ色味は似合わないので、彩度は中～高めのほうが〇。

*A*utumn （秋）

イメージ：知的、ゴージャス、大人っぽい、ヘルシー、リッチ
コントラスト：中～強
彩度：低

基本的に落ち着いたトーンが似合うタイプなので、ベースは低～低中明度、低～中彩度に。ただしゴージャスさがあるので、コントラストは強めでも OK。

Chapter_04

レングス別ハイライトデザインの基本

ここまでの考え方を踏まえて、レングス別、フロントデザイン別（バング有り、バング無しなど）に、最適なハイライトデザインとそのテクニックを見ていきましょう。カットベース別に、どんなハイライトデザインが効果を発揮しやすいかが分かります。

Short
ショート

Super Gradation
☑ パートがないショート

Surface Lights
☑ パートがあるショート

ショート×ハイライトの考え方

ショートは毛量調整が入っていることが多いので、毛先まで見えるハイライトにできるかどうかが重要となり、バタフライチップやフィンガーペインティング、ダブルチップなどを使うことが多い。また、ウエイトポイントを見極め、ハイライトはウエイトより上に入れること（下に入れると毛先に「点」として出てしまうので注意）。

☑ 最適なハイライトデザインは？

パートがない
ショート

スーパー
グラデーション

Before　　　Bleach After　　　Toner After

無造作感を出す、トップのみのハイライト

パーソナルカラー：オータム　**要望＆悩み**：ショートから伸ばし中。様々なカラーやアレンジを楽しみたい。
デザイン選択：パートがないショートはフォワードスタイルが多いので、トップから無造作感を強調するハイライトが効果的。毛先に明るさを出したいので、チップバタフライでスーパーグラデーションに。ダメージ毛なので、あくまでも表面だけのブリーチに留め、オータムの肌に馴染むオリーブ系のトナーで仕上げて、パサつきを抑える。

パートがある
ショート

サーフェイス
ライツ

Before　　　Bleach+Base After　　　Toner After

落ちる位置を見極めた、表面のみのハイライト

パーソナルカラー：サマー　　**要望＆悩み**：髪がつぶれるのが悩み。ファッションやメイクは、シンプルが好き。
デザイン選択：パートがある場合は、パートの位置でポイントになる部分が変化。落ちる位置を見極めて、欲しい位置に確実にハイライトを入れる。ここではハイライトで根元からふんわりした立体感を出すデザインを選択。毛量調整が多めにされていたので、ダブルチップを選択。サマーなのでトナーはモノトーン系で、ハイライトの黄味をおさえる。

■■■
パートがないショート
×

Super Gradation

スーパーグラデーション

color_HARUMI IWAKAMI
hair_SATOSHI TAKAHASHI
make-up_KEIKO OTA

Short

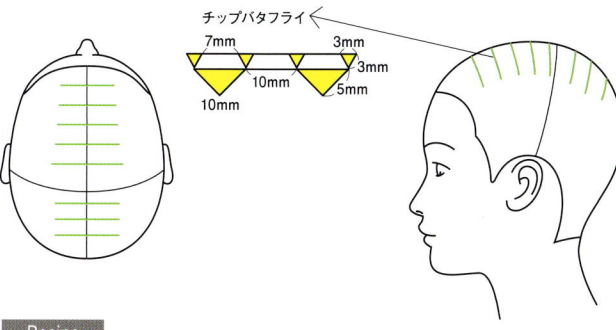

Recipe

a. パウダーブリーチ（6%OX）
b. 低アルカリカラーのアッシュ系 5 レベル（3%OX）
c. 低アルカリカラーのアッシュ系 10 レベル（3%OX）

Foil On

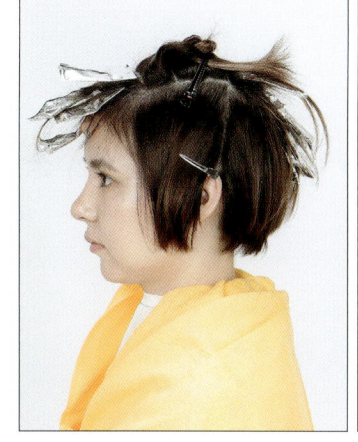 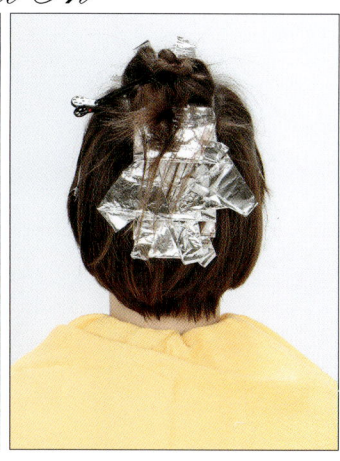

Process

1 ビフォーのアンダーは 8〜9 レベル。ショートの基本のセクショニング（P87 参照）を取る。ただし、バックトップは 1 セクションにする。

2 ブリーチ剤（a）で、バックトップからチップバタフライ（P95 参照）を入れる。まず上を幅 3 ミリ、深さ 3 ミリ、間隔 7 ミリでウィービング。

3 そのすぐ下を幅 10 ミリ、深さ 5 ミリ、間隔 10 ミリのチップで取り出す。

4 取り出したチップの、根元に向けて逆毛を立てる。

5 パネルのレングスの下半分にブリーチ剤を塗布。

6 ホイルを三角にたたんで収める。この 1 セットでチップバタフライとなる。モヒカンガイド部分すべてに、この要領でチップバタフライを入れていく。

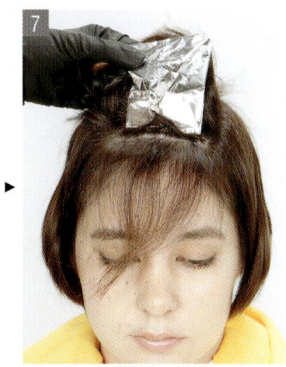

7 ただしバングの 1 線は、ハイライトを入れずに残す。

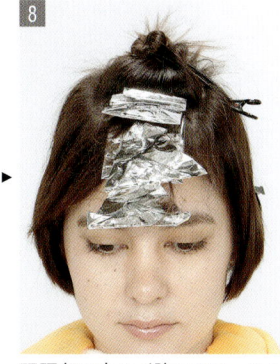

8 頭頂部は丸みが強いので、ここのみはバタフライチップにする。これでホイル終了。30分後、流す。ハイライト部分は17レベルにトーンアップ。

9 根元からしっかり色味を入れたいので、ドライでトナー。根元から5センチまでは、アッシュ系5レベル（b）を塗布。

10 毛先側はアッシュ系10レベル（c）を塗布。10分後、流す。仕上がりはベースが6〜8レベル、ハイライトが8〜16レベルのグラデーションとなる。

■■■
パートがあるショート
×

Surface Lights

サーフェイスライツ

Short

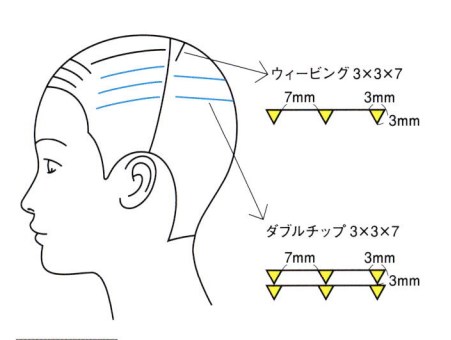 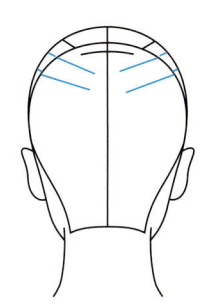

ウィービング 3×3×7
7mm　3mm
3mm

ダブルチップ 3×3×7
7mm　3mm
3mm

Recipe
a. パウダーブリーチ（6%OX）
b. 低アルカリカラーのモノトーン系 6 レベル（2.7%OX）
c. 低アルカリカラーのモノトーン系 10 レベル（2.7%OX）

Hoil On

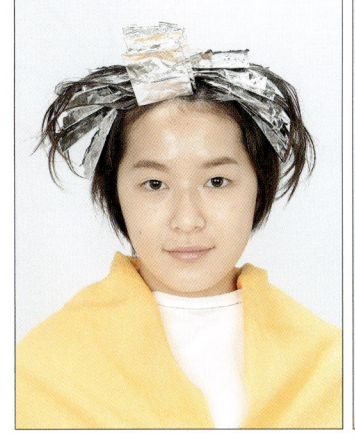 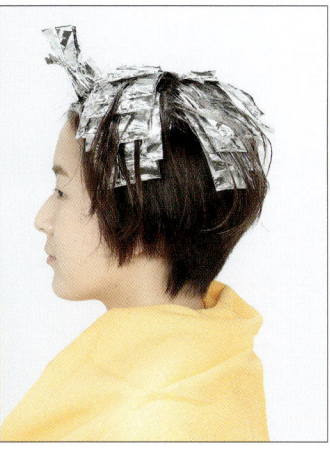

Process

1
ビフォーのアンダーは 9 レベル。基本のセクショニング（P86 参照）の 1〜7 を取る。

2
ただしイア・トゥ・イアより前はパートで分けて、フロントボックスを取る。

3
ダブルチップを入れる（P93 参照）。バックから幅 3 ミリ、深さ 3 ミリ、間隔 7 ミリ（3×3×7）でウィービング。ブリーチ剤（a）を塗布しホイルオン。

4
そのすぐ下も同様に 3×3×7 のウィービングで取る。

5
この 1 セットでダブルチップとなる。

6
表面のみ、3×3×7 のシングルチップにチェンジ。

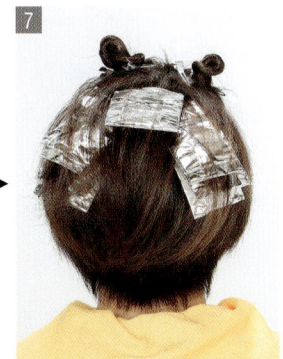

7
逆サイドもこの要領で、ダブルチップを入れていく。ただし表面には 2 ミリのカバーリングを残す。

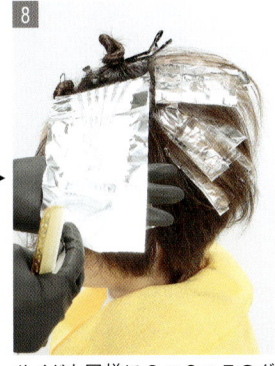

8
サイドも同様に 3×3×7 のダブルチップ。バング部分は 3×3×7 のシングルチップで入れ、ホイル終了（ハイライトは 16 レベルにトーンアップさせる）。

9
ホイルを入れたセクションのみ、ベースをワンメイク。根元から低アルカリカラーのモノトーン系6 レベル（b）を塗布しトーンダウン。20分放置後、流す。

10
ウエットでハイライト部分全体を、低アルカリのモノトーン系10 レベル（c）でトナー。10分後、流す。仕上がりはベース7レベル、ハイライト15レベル。

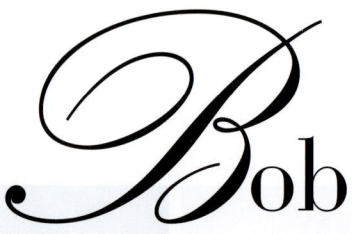

Bob

ボブ

Miranda Lights

☑ バングがないボブ

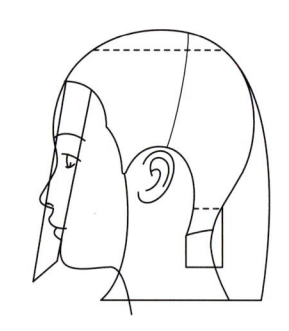

Surface Lights

☑ バングがあるボブ

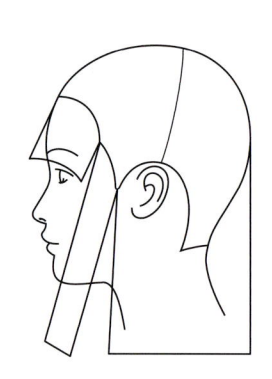

ボブ×ハイライトの考え方

面構成のボブは動きが少ないので、サーフェイスライツなど、表面（＆顔周り）のみのハイライトデザインが適している。質感重視ならシースルーライツ、バングがなければミランダライツもOK。動きが少ない分、コントラストの粗さが出やすいので、均一で正確なテクにすることが大切。根元だけ強調されないために、ダブルチップで毛先にまで明るさをつくることもよく使うテク。

☑ 最適なハイライトデザインは？

バングがないボブ

ミランダライツ

Before　Bleach+Base After　Toner After

かき上げるフロントは、ハイライトで顔周りを明るく

パーソナルカラー：オータム　　**要望＆悩み**：ヘルシーで都会的なイメージにしたい。クセ毛でパサつきやすいのが悩み。
デザイン選択：バングのないボブは、基本的にかき上げスタイル。顔周りが暗いと淋しい印象になりやすいので、ミランダライツで顔周りに明るさをプラス。オータムなので、濃いブラウンベースにややマットなハイライトを入れる。細かめより、セクションを絞ってやや太めに入れたハイライトのほうがパサついて見えない。

バングがあるボブ

サーフェイスライツ

Before　Bleach+Base After　Toner After

表面に明るさを足して、フォルムと質感にメリハリを

パーソナルカラー：サマー　　**要望＆悩み**：ヘルシーで透明感のある女性をイメージ。ペタっとしやすい髪質が悩み。
デザイン選択：面構成スタイルはサーフェイスライツで表面を明るくし、下は暗めに残すデザインが効果的。フォルムにメリハリが出て透け感も出る（またはシースルーライツで透け感を出し、テクスチャ—を変化させるのも○）。サマーなのでベースは柔らかめのブラウン、ハイライトは薄めのグレージュで透け感を出す。

■ ■ ■
バングがないボブ
×

Miranda Lights

ミランダライツ

color_DAISUKE TSUTSUMIDA
hair_SHUNSUKE IWAMOTO
make-up_KANA SHINODA

Bob

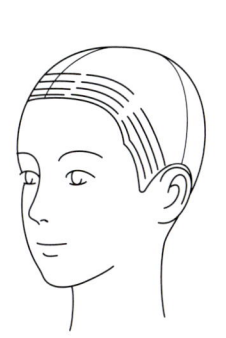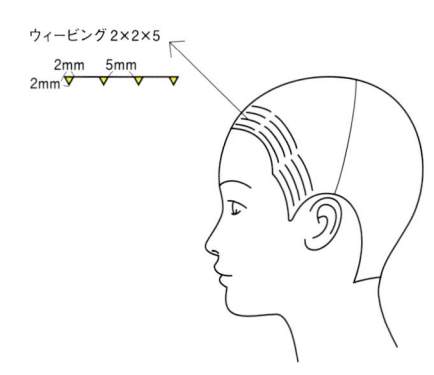

ウィービング 2×2×5

2mm 5mm
2mm

Hoil On

Recipe

a. パウダーブリーチ（6%OX）
b. 低アルカリカラーのアッシュブラウン系 6 レベル（3%OX）
c. 低アルカリカラーのアッシュブラウン系 6 レベルとクリア剤を1：1（3%OX）
d. 低アルカリカラーのグレージュ系 10 レベル（3%OX）

Process

1

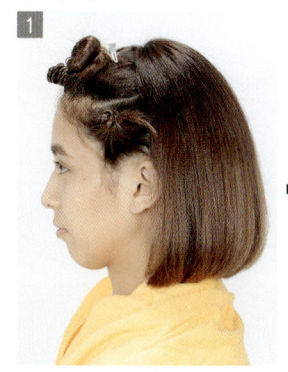

ビフォーのアンダーは 9 ～ 11 レベル。P86 の基本のセクショニングのイア・トゥ・イアより前のみをセクショニング（1 ～ 5）。

2

ただしフロントはパートの位置で分ける。

3

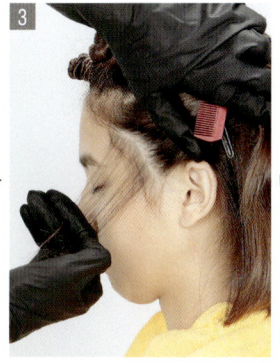

フェイスラインからスタート。生え際の形に沿わせて、産毛も引き出す。

4

幅 2 ミリ、深さ 2 ミリ、間隔 5 ミリ（2×2×5）でウィービングし、ブリーチ剤（a）を塗布。

5

フェイスラインは、このようにすべて生え際の形に沿ってスライスを取ることが重要。直線的に取ってしまうと、影が残ってしまう。

6

すべて図のように、2×2×5 のウィービングで取り、ブリーチ剤を塗布し、ホイルオンする。

7

ホイル部分以外の根元に、低アルカリ剤アッシュブラウン系 6 レベル（b）を塗布。

8

中間から毛先には、b にクリア剤をミックスした薬剤（c）を塗布。20分後、流す。ハイライト部分を17レベルにトーンアップ。

9

最後にシャンプー台で、ウエットでトナー。低アルカリタイプのグレージュ系10レベル（d）を根元→中間→毛先の順に塗布。

10

色味をチェックし（ここでは5分放置）、流す。仕上がりはベース 7レベル、ハイライトは16レベルとなる。

バングがあるボブ

×

Surface Lights

サーフェイスライツ

color_DAISUKE TSUTSUMIDA
hair_SHUNSUKE IWAMOTO
make-up_KANA SHINODA

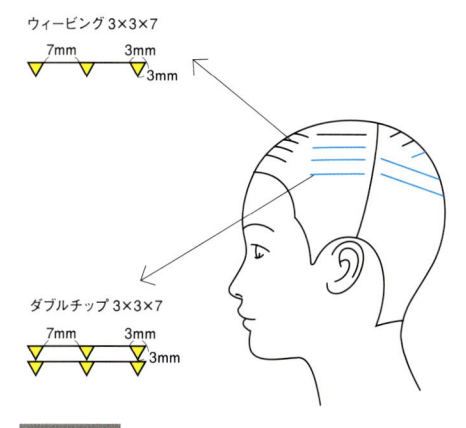

ウィービング 3×3×7
7mm 3mm
3mm

ダブルチップ 3×3×7
7mm 3mm
3mm

Bob

Hoil On

Recipe

a. パウダーブリーチ（6%OX）
b. 低アルカリカラーのグレージュ系 6 レベル（3%OX）
c. 低アルカリカラーのグレージュ系 6 レベルとクリア剤を 1：1（3%OX）
d. 低アルカリカラーのグレージュ系 10 レベル（3%OX）

Process

1

ビフォーは10レベル。P87のバング有のセクショニングの1〜7を取る。フルバングに合わせて、フロントボックスは大きな三角ベースでセクショニング。

2

バックトップのダブルチップからスタート。幅 3 ミリ、深さ 3 ミリ、間隔 7 ミリ（3×3×7）のウィービングで取り、ブリーチ剤（a）を塗布。

3

そのすぐ下のパネルを 2 と同様、3×3×7のウィービングで取り、ブリーチ剤を塗布。これをダブルチップの 1 セットとし、図のように進む。

4

トップは 3×3×7のシングルチップ。表面部分には 2 ミリのカバーリングを残す。

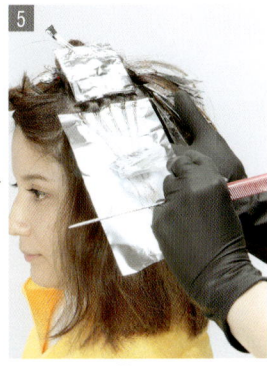

5

両サイドも同様に 3×3×7のウィービングによるダブルチップ。

6

トップのみはシングルチップで、表面には 2 ミリのカバーリングを残した状態で、ホイルオンする。

7

バングはすべて、3×3×7のシングルチップ。ここも表面には 2 ミリのカバーリングを残す。

8

ホイル部分以外の根元〜中間に、低アルカリのグレージュ系6レベル（b）を塗布。

9

毛先はbにクリア剤をミックスした薬剤（c）を塗布。20分放置後、流す。ハイライトは17レベルにトーンアップ。

10

最後にウエット状態から、低アルカリのグレージュ系10レベル（d）を塗布。10分放置後、流す。仕上がりはベースが7レベル、ハイライトは16レベルとなる。

ミディアムレングス

Miranda & Fringe Lights

☑ **バングがないミディアム**

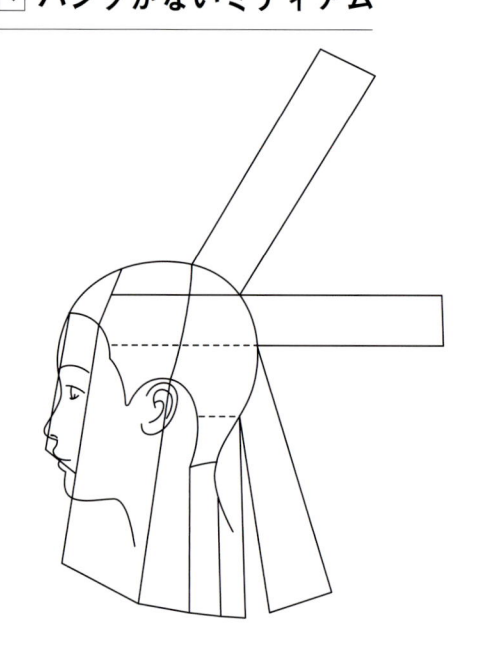

Surface Lights

☑ **バングがあるミディアム**

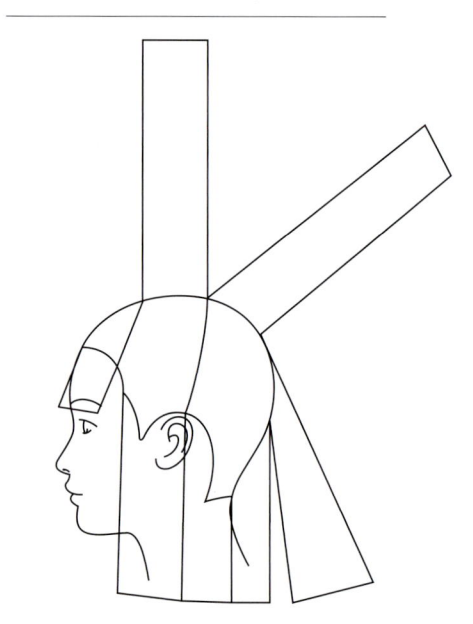

ミディアム×ハイライトの考え方

肩以上の長さは、いかに毛先までハイライトを出せるかを考える。カットがローグラか、レイヤーベースかでも考え方が異なる。ローグラベースは表面中心のハイライト、レイヤーベースではアンダー中心で毛先に出るハイライト、などデザインポイントが変わってくる。

☑ 最適なハイライトデザインは？

**バングがない
ミディアム**

**ミランダ＆
フリンジライツ**

Before　　Bleach After　　Toner After

顔周り＋すその明るさで、さらに立体感アップ

パーソナルカラー：オータム　　**要望＆悩み**：華やかで動きのあるカラーデザインが好き。ダメージが気になる。
デザイン選択：かき上げ系は顔周りのハイライト＋フリンジライツを選択し、立体感と華やかさをアップ。オータムなので、低明度のブラウンベースにベージュ系ハイライトをチョイス。また顔周りとネープのみのポイントデザインによってダメージ軽減効果もある。アンダーの削ぎが多めなのでチップバタフライを選択し、毛先の先までハイライトを表現。

**バングがある
ミディアム**

**サーフェイス
ライツ**

Before　　Bleach+Base After　　Toner After

ローグラのミディアムは、表面にデザインポイントを残し、落ちつかせる

パーソナルカラー：スプリング　　**要望＆悩み**：柔らかく透ける感じにしたい。毛量がとにかく多いのが悩み。
デザイン選択：ローグラベースなので、表面がデザインポイントとなるサーフェイスライツに。ベースは暗めに設定し、ハイライトで透け感と柔らかさを表現。削ぎがかなり多く、細かいハイライトでは毛先まで出ないので、太目のダブルチップを選択。スプリングなので、トナーでハイライトの黄味を消し過ぎないことも大切。

color_RYO NOMURA
hair_MASAYOSHI SHIBUYA
make-up_AKIKO YORIMITSU

バングがないミディアム
×

Miranda Fringe Lights

ミランダフリンジライツ

Medium

チップバタフライ　5×5×5+10×10×10

5mm
10mm　10mm
5mm　5mm
10mm

ウィービング 2×2×5

2mm　5mm
2mm

Hoil On

Process

1 ビフォーのアンダーは 8 レベル。基本のセクショニング（P86 参照）の 1〜7 を取り、8〜12 はセンターで 2 つに分ける。

2 フリンジライツのチップバタフライ（P95 参照）から。ネープを幅 5 ミリ、深さ 5 ミリ、間隔 5 ミリのウィービングで取り、ブリーチ剤（a）を塗布。

3 そのすぐ真下を幅 10 ミリ、深さ 10 ミリ、間隔 10 ミリの太いチップで取る。

4 このチップの根元に逆毛を立てる。

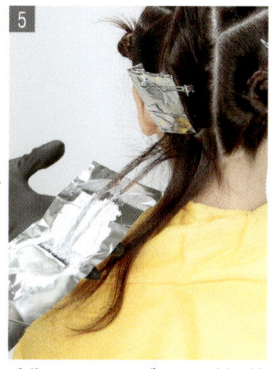

5 毛先から 1/2 にブリーチ剤を塗布。

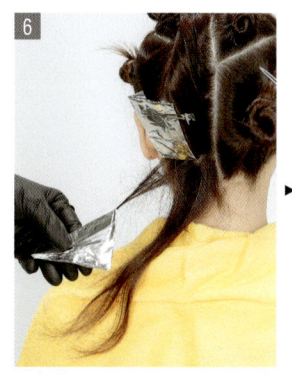

6 三角形にホイルをたたみ、2 と合わせたこのセットが、チップバタフライの 1 セットとなる。図のように、バックのアンダー全体にこれを入れる。

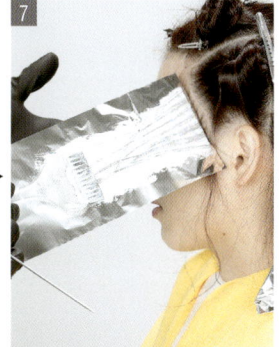

7 顔周りはミランダライツ。生え際に沿って幅 2 ミリ、深さ 2 ミリ、間隔 5 ミリ（2×2×5）の細かいウィービングで、ハイライトを入れていく。

8 この要領で、左右のフェイスライン全体に、2×2×5 のハイライト入れてホイル終了。30 分放置後、流す。ハイライト部分は 16 レベルにトーンアップ。

9 ウエットでのトナーのみで仕上げる。ネープの根元から低アルカリのナチュラル系 10 レベル（b）を塗布。

10 毛先まで延ばす。吸い込みやすい顔周りは最後に。仕上がりはベースが 8 レベル、ハイライトは 15 レベルとなる。7 分放置後、流す。

バングがあるボブ

×

Surface Lights

サーフェイスライツ

color_RYO NOMURA
hair_MASAYOSHI SHIBUYA
make-up_AKIKO YORIMITSU

*M*edium

ウィービング 3×3×7

7mm　3mm
3mm

ダブルチップ 5×5×7

7mm 5mm
5mm

Recipe

a. パウダーブリーチ（6%OX）
b. 低アルカリカラーのアッシュ系 5 レベル（3%OX）
c. 低アルカリカラーのアッシュブラウン系 6 レベル（3%OX）
d. 低アルカリカラーのモノトーン系 9 レベル（3%OX）

*H*oil*O*n

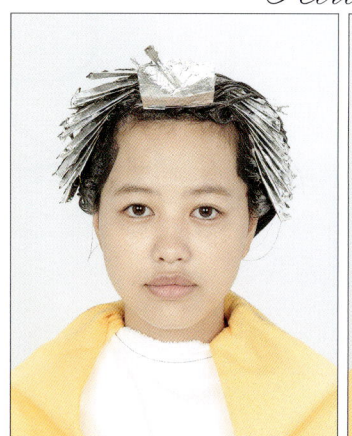

*P*rocess

1　ビフォーのアンダーは 9 〜 10 レベル。表面のみのハイライトなので、バング有のセクショニング（P87 参照）の 1 〜 7 までを取る。

2　トップバックのダブルチップから。幅 5 ミリ、深さ 5 ミリ、間隔 7 ミリ（5×5×7）のウィービングで取る。ブリーチ剤（a）を塗布し、ホイルオン。

3　そのすぐ下も同様に 5×5×7 で取り、根元 1 センチを空けて、ブリーチ剤を塗布。この 2 つで、ダブルチップの 1 セットとなる。

4　この要領で、バック左右にダブルチップを入れていく。

5　トップのみ幅 3 ミリ、深さ 3 ミリ、間隔 7 ミリの細いシングルチップにする。

6　表面には 2 ミリのカバーリングを残す。

7　ホイル以外のベースをワンメイク。根元から 5 センチに、低アルカリのアッシュ系 5 レベル（b）を塗布。

8　毛先はブリーチ毛なので薬剤を変える。低アルカリのアッシュブラウン系 6 レベル（c）を塗布。

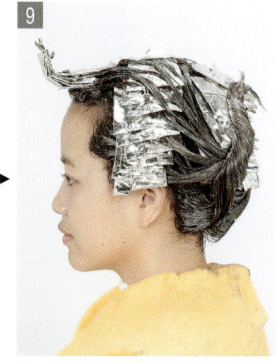

9　7 〜 8 の要領で全頭塗布し、15 分放置後、流す。ハイライトは 16 レベルにトーンアップ。

10　最後にウエットでトナー。低アルカリのモノトーン系 9 レベル（d）を根元中心に塗布し、10 分放置後、流す。仕上がりはベースが 7、ハイライトは 15 レベルに。

ℒong
ロングレングス

Jessica Lights

☑ **バングがないロング**

Fringe Lights

☑ **バングがあるロング**

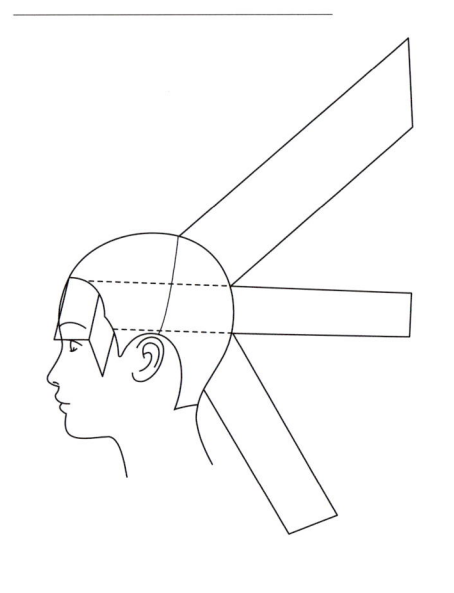

ロング×ハイライトの考え方

ロングの魅力は鎖骨下で揺れる髪。レングスが長くなるほど、いかに毛先にハイライトを出すかがポイント。また長さがあるとベースとの明度差が際立って見えやすいので、明度差設定は慎重に。基本的に、ロングはほとんどのハイライトデザインが可能で、カットの変化が少なくとも、カラーで女性像を大きく変えられるため、事前のカウンセリングがもっとも重要なレングスといえる。

☑ 最適なハイライトデザインは？

**バングがない
ロング**

ジェシカライツ

Before　　　Bleach+Base After　　　Toner After

どこから見ても美しい、フルヘッドのハイライトが可能

パーソナルカラー：サマー　　**要望＆悩み**：凛とした強さと、センシャルな女性らしさを共存させたい。

デザイン選択：バング無しのロングは、ナチュラルからデザイン性の高いものまで、幅広い女性像が可能。ここでは360度どう動いても繊細なハイライトが現れるジェシカライツを選択。顔周りを明るくし、毛先の先までハイライトを強調することで、抜け感と都会的な印象を表現。サマーなのでベースには柔らかいアッシュ系、トナーではモノトーン系を選択。

**バングがある
ロング**

フリンジライツ

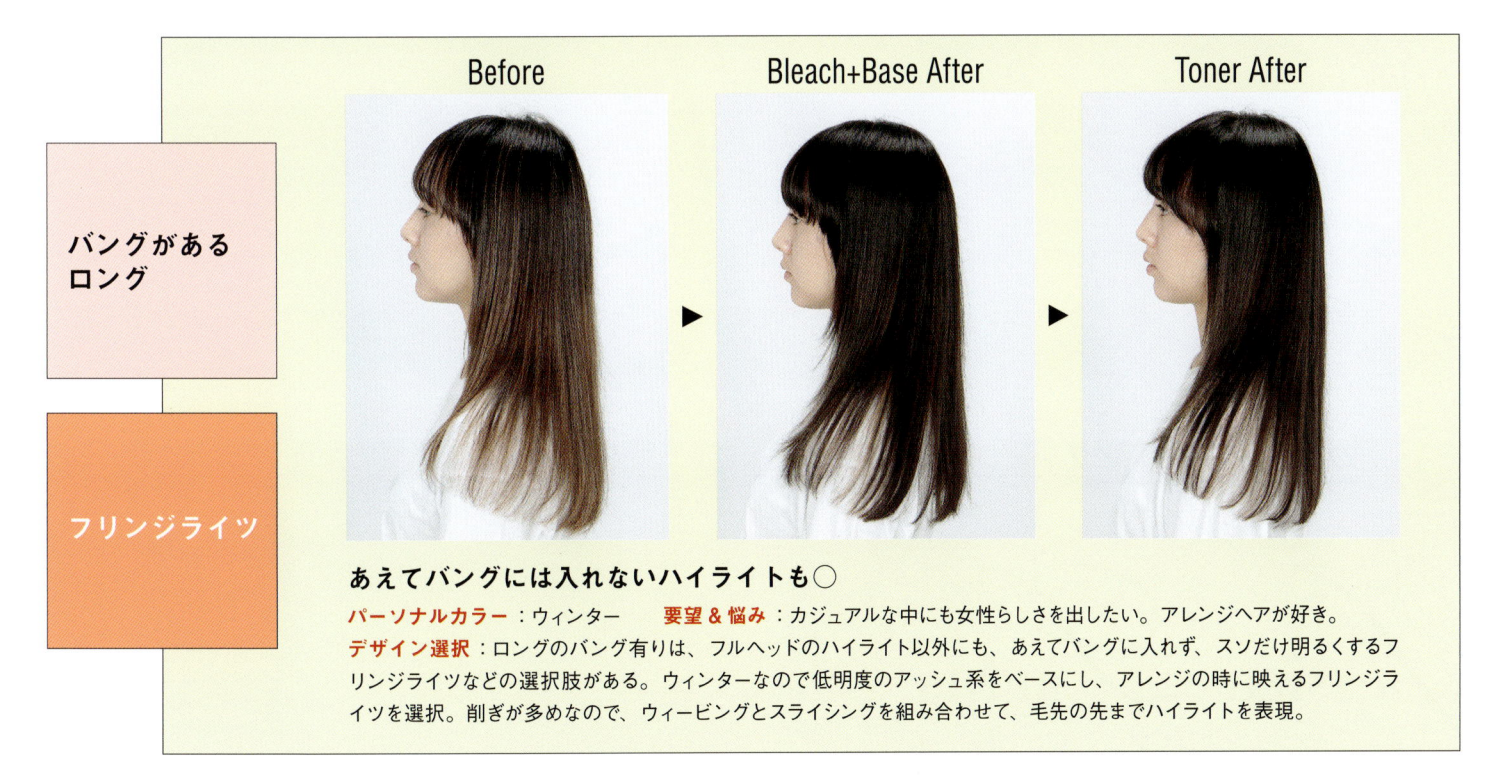

Before　　　Bleach+Base After　　　Toner After

あえてバングには入れないハイライトも○

パーソナルカラー：ウィンター　　**要望＆悩み**：カジュアルな中にも女性らしさを出したい。アレンジヘアが好き。

デザイン選択：ロングのバング有りは、フルヘッドのハイライト以外にも、あえてバングに入れず、スソだけ明るくするフリンジライツなどの選択肢がある。ウィンターなので低明度のアッシュ系をベースにし、アレンジの時に映えるフリンジライツを選択。削ぎが多めなので、ウィービングとスライシングを組み合わせて、毛先の先までハイライトを表現。

バングがないロング

×

Jessica Lights

ジェシカライツ

color_NORIKO TAKAHARA
hair_YU MOMOSE
make-up_MAYUMI IIDA

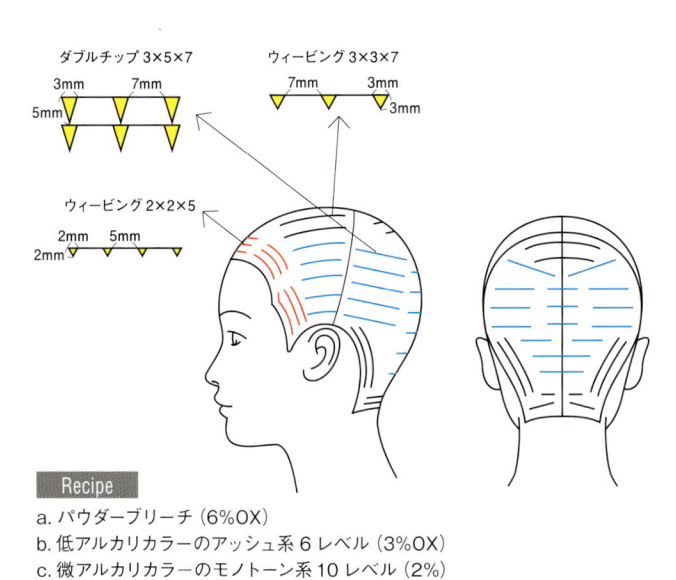

ダブルチップ 3×5×7
3mm　7mm
5mm

ウィービング 3×3×7
7mm　3mm
3mm

ウィービング 2×2×5
2mm　5mm
2mm

Long
Hoil On

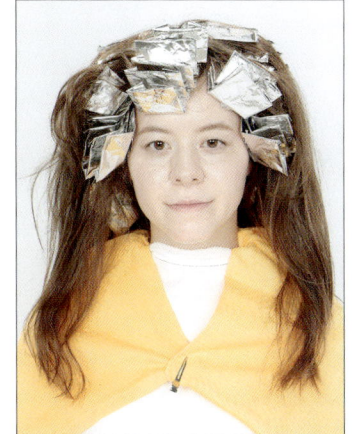

Recipe

a. パウダーブリーチ（6%OX）
b. 低アルカリカラーのアッシュ系 6 レベル（3%OX）
c. 微アルカリカラーのモノトーン系 10 レベル（2%）

Process

1
ビフォーのアンダーは 10 レベル。フルハイライトなので、基本の 12 セクション（P86 参照）でセクショニング。

2
幅 3 ミリ、深さ 3 ミリ、間隔 7 ミリ（3×3×7）で取り、ブリーチ剤（a）を塗布。ネープ 2 線目までは同様に。みつえりは 5 ミリ、ネープは 10 ミリスライス。

3
3 線目からはダブルチップ。20 ミリスライスを取り、幅 3 ミリ、深さ 5 ミリ、間隔 7 ミリ（3×5×7）で取る。ブリーチ剤（a）を塗布し、ホイルオン。

4
そのすぐ下を同様に 3×5×7 ミリですくい、根元を 1 センチ空けてブリーチ剤を塗布。これをダブルチップの 1 セットとする。

5
この要領でトップまでダブルチップを入れていく。トップの上 2 線は 3×3×7 のシングルチップで、表面は 2 ミリのカバーリングを残す。

6
フェイスラインは生え際の形に沿って取り、幅 2 ミリ、深さ 2 ミリ、間隔 5 ミリ（2×2×5）のウイービングで、産毛まですくう。

7
根元が空かないように気をつけてブリーチ剤を塗布。

8
フロントボックスも、生え際から同様にウイービング。フロント全体にこの要領で、2×2×5 のシングルチップを入れて、ホイル終了。

9
ホイル以外のベースは、根元から低アルカリのアッシュ系 6 レベル（b）を塗布。20 分放置後、流す。ハイライト部分は 16 レベルにトーンアップ。

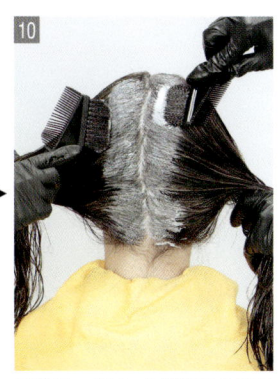

10
最後に、ウエット状態から微アルカリのモノトーン系 10 レベル（c）でトナー。10 分放置後、流す。仕上がりはベースが 7 レベル、ハイライトが 15 レベル。

バングがあるロング

×

Fringe Lights

フリンジライツ

color_NORIKO TAKAHARA
hair_YU MOMOSE
make-up_MAYUMI IIDA

スライシング

2mm

50〜60mm

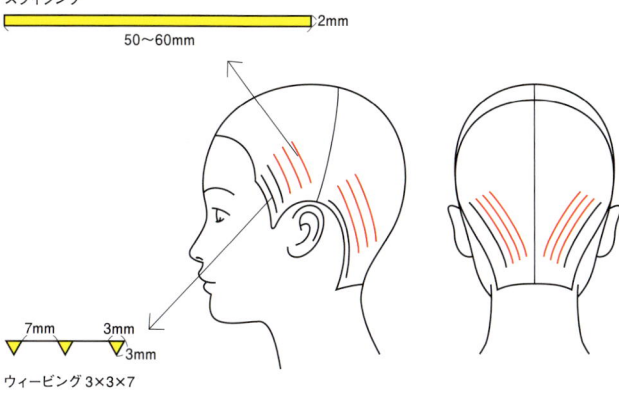

7mm 3mm
3mm

ウィービング 3×3×7

Long

Hoil On

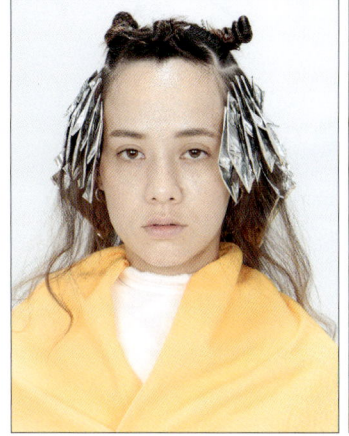

Recipe

a. パウダーブリーチ（6%OX）
b. アルカリカラーのアッシュブラウン系 6 レベル（3%OX）
c. アルカリカラーのアッシュブラウンとブラウンを 1：1（3%OX）
d. 微アルカリカラーのナチュラル系 10 レベル（2%OX）
e. 微アルカリカラーのナチュラル系 10 レベルとクリア剤を 1：1（3%OX）

Process

1 ビフォーのアンダーは 8 レベル。（既ハイライト部分は 10 レベル）バング有の 12 セクション（P87 参照）でセクショニング。

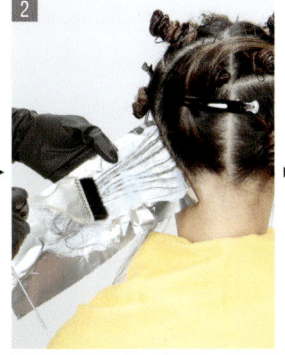

2 図のように、ネープのヘムラインから幅 3 ミリ、深さ 3 ミリ、間隔 7 ミリ（3×3×7）のウィービングで取り、ブリーチ剤（a）を塗布。

3 2 線目からは、ヘムラインに平行のバイアススライスで幅 50〜60 ミリ、厚さ 2 ミリのスライシングで取り、ブリーチ剤を塗布。これを 3 枚入れる。

4 フェイスラインをふわっとさせたいので、サイドは、生え際から 3 ×3×7のウィービングで取る。

5 生え際ギリギリからブリーチ剤を塗布。これをブリックワークで 2 枚入れる。

6 3 線目からは 3 と同様の、幅 50〜60 ミリ、厚さ 2 ミリのスライシングを取る。これをヘムラインに平行のバイアススライスで、3 枚入れる。

7 ホイル以外のベース全体をワンメイク。根元から 5 センチに、アルカリカラーのアッシュブラウン系 6 レベル（b）を塗布。

8 b にブラウンを足した（c）を中間から毛先に塗布。20 分放置後、流す。ハイライトは 15 レベルにトーンアップ。

9 最後にウエットでトナー。根元から、微アルカリのナチュラル系 10 レベル（d）を塗布。

10 （d）にクリア剤をミックスした（e）を中間〜毛先に塗布。10 分放置後、流す。仕上がりはベースが 6.5 レベル、ハイライトは 14 レベル。

Chapter_05

レングス & フロント別
似合うハイライトデザイン早見表

Short
ショート

Bob
ボブ

ハイライトデザイン / カットベース	パートがないショート	パートがあるショート	バングがないボブ	バングがあるボブ
サーフェイス ライツ	○	○	○	○
ミランダ ライツ	×	○	○	×
フリンジ ライツ	×	×	×	×
スーパー グラデーション	○	○	○	○
シースルー ライツ	○	○	○	○
ジェシカ ライツ	×	×	×	×

オーバーセクションのみのハイライトが基本。サーフェイスライツ、毛先に明るさを出すスーパーグラデーション、または全体の透け感を表現するシースルーライツ、が向く。パート有りでフロントが長ければミランダライツも可能となる。

面構成で動きが少ないボブは、ショートと同様、サーフェイスライツ、スーパーグラデーションといった表面中心のハイライトが向く。質感チェンジのシースルーライツもOK。フロントが長ければミランダライツも可能。

カットベース×女性像×ハイライトデザイン

「kakimoto arms流 人気のハイライトデザイン」が最も効果を発揮するカットベースの組み合わせ、逆に不向きな組み合わせを、レングス別、フロントデザイン別（バングがない、バングがあるなど）の一覧表にしました。

	*M*edium ミディアム		*L*ong ロング		
	バングがないミディアム	バングがあるミディアム	バングがないロング	バングがあるロング	
	○	○	○	○	サーフェイス ライツ
	○	×	○	×	ミランダ ライツ
	○	○	○	○	フリンジ ライツ
	○	○	○	○	スーパー グラデーション
	○	○	○	○	シースルー ライツ
	○	×	○	△	ジェシカ ライツ

鎖骨位になるとデザインの自由度が増す。バングがある場合は、顔周りにデザインが入るミランダライツとジェシカライツは不向きだが、それ以外はすべて可能。

もっともデザインの自由度が高いロング。向き不向きはミディアムとほぼ同じ。ただしロングの長さがあれば、バングがあってもジェシカライツが可能。

part.
3

Highlight Technique

ハイライトを成功させる
ための見直しテク

一口にハイライトと言っても、様々なテクニックとデザイン効果があります。この章では、イメージ通りのデザインをつくるために、
またダメージを最小限に抑えるために、ハイライトとブリーチのプロセスを見直していきます。

薬剤とテクニックは どう考えていく?

今日のプロセスは、
どう組み立てよう?

求めるハイライトデザインに対して、
どのテクニックを使おう?

今回のプロセスにかかる時間は?
逆算すると薬剤設定はどうなる?

薬剤とテクニックの組み立て方をひも解くと…

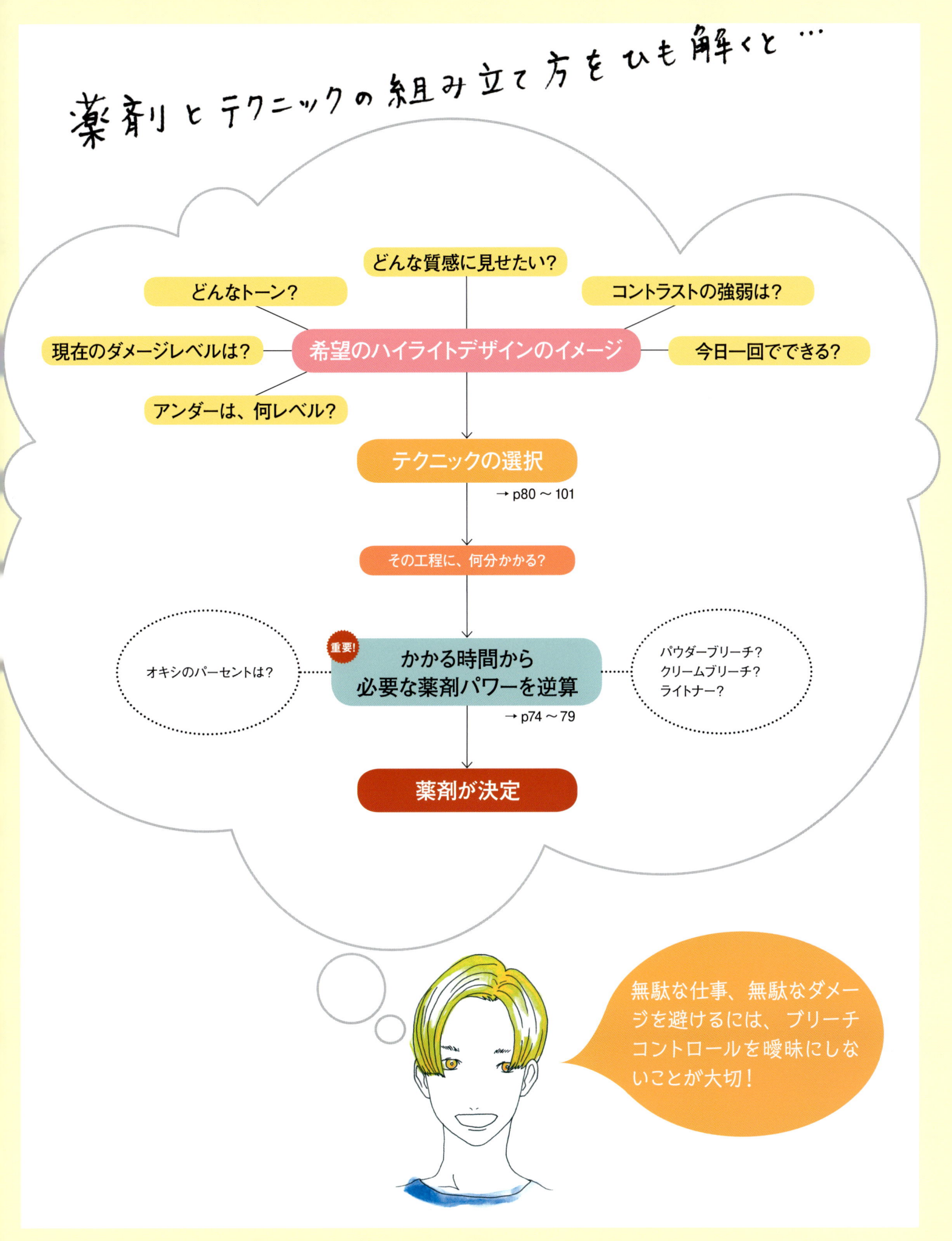

- どんな質感に見せたい?
- どんなトーン?
- コントラストの強弱は?
- 現在のダメージレベルは?
- 今日一回でできる?
- アンダーは、何レベル?

希望のハイライトデザインのイメージ

↓

テクニックの選択
→ p80〜101

↓

その工程に、何分かかる?

↓

オキシのパーセントは?

重要! **かかる時間から必要な薬剤パワーを逆算**
→ p74〜79

パウダーブリーチ?
クリームブリーチ?
ライトナー?

↓

薬剤が決定

無駄な仕事、無駄なダメージを避けるには、ブリーチコントロールを曖昧にしないことが大切!

Guidance
ハイライトのプロセスを構成する要素とは？

ハイライトは、ウィービングやバレイヤージュなど「入れ方のテクニック」さえ覚えれば、上達するものでしょうか？
テクニックを確実に使いこなす前提として、ブリーチコントロールの知識、またプロセスの種類と意味を理解しておくことが大切です。

kakimoto arms 流
ハイライトデザイン

「kakimoto arms 流ハイライトデザイン」はすべて、ここで紹介しているブリーチコントロールやテクニックの組み合わせによって作り出されています。

ハイライトの代表的なテクニック

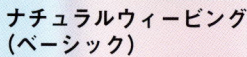

ナチュラルウィービング
（ベーシック）

ダブルチップ

バタフライチップ

グラデーションもコントラストも作り出せるブリーチコントロール

コントラストの違い

グラデーション　　コントラスト

チップとピッチ

3×3×7　　10×5×10

ベースとの明度差

3レベル差　　7レベル差

チップとピッチの大きさを変化させたり、ベースとハイライトの明度差を変えることで、グラデーション（ナチュラル）からコントラスト（モード、個性的など）まで、イメージを大きく変化させることが可能。そのためには、明度差を確実に作り出せるブリーチコントロールのスキルが必要です。

イメージ通りの仕上がりにするためには、どのような施術プロセスを取るのかも重要です。それによって、ベースとハイライトのコントラスト差も大きく変わります。

チップバタフライ

バレイヤージュ

フィンガーペインティング

ウィービング、ダブルチップ、チップバタフライ、バタフライチップ、バレイヤージュ、フィンガーペインティング…など、様々なテクを駆使すれば、多彩なハイライトを表現することができます。またテクニックの精度を上げるためにはフォームやセクショニングといった基礎も重要です。

代表的なプロセス例

① ハイライト→流し→ワンメイク

まず最初にハイライトを入れる。適正にトーンアップするまで時間を置き、流してから全体をワンメイク。

目的とメリット→ベースにもハイライトにも同時に色を入れ、ベースとハイライトの明度差、色相差を近づけるなど馴染ませたい時に。

よく使うデザイン→シースルーライツなどのような、馴染ませ系のハイライトデザインに。

② ハイライト＆ホイル周りワンメイク →流し→トナー

まずハイライトを入れる。入れ終わったら、ホイル周りをワンメイク。流し終わった後、全体にトナー。

目的とメリット→ベースとハイライトの明度差を離しつつ、ベースの色味も変えたい（ベースはトーンダウン、など）。①よりはベースとハイライトのコントラストがはっきりつき、ハイライトの存在感をしっかり出せる。明度差のコントロールが自在。

よく使うデザイン→ジェシカライツ、フリンジライツ、サーフェイスライツなど、コントラスト系ハイライトデザイン

③ リタッチ→流し→ハイライト→トナー

最初に根元リタッチ。流してからハイライトを入れる。流してから、全体をトナー。

目的とメリット→根元がかなり伸びている場合（4センチ以上）。白髪染めのアフターハイライトの場合も、この順番の方が根元と毛先の色を合わせやすい。

④ ハイライト＋ホイル周り（部分的） →流し→トナー

②と同じプロセスだが、ホイル周りのカラーが毛先のみ、根元のみなど。

目的とメリット→①地毛をベースにしてハイライトのみでデザインしていきたい場合→ホイル周りは既染毛のみカラーする（トーンダウン）。②グレイカラーでも新生毛があまり伸びていなければ（5ミリ〜1センチ未満）このプロセスで。ホイル周りはリタッチのみ

※ワンメイク→流し→ハイライトは、ハイライトが根元から毛先まで均一に抜けにくい場合が多いので、おすすめしない。

Chapter_01

ブリーチをコントロールしよう

ここではブリーチで希望通りのレベルにトーンアップするために必要な知識を整理していきます。

パウダーブリーチ、クリームブリーチ、ライトナー、脱染剤は何は違う？

パウダーブリーチ	クリームブリーチ	ライトナー	脱染剤
●脱色脱染剤 ●クリームブリーチよりもパワーが強い ●メーカーによって、粘性(オキシの希釈率)やリフトアップスピード(脱色パワー)に違いがある	●脱色脱染剤 ●パウダーブリーチよりもパワーが弱い ●メーカーによって、粘性やリフトアップスピード(パワー)に違いがある	●脱色剤 ●脱染力はなく、脱色パワーもブリーチ剤より弱い ●髪質にもよるが、トーンアップは13レベル未満までの薬剤が多い	●染料のみを削ることが目的の薬剤。残留ティントのみを取りたい場合に使用。 ●メーカーによっては、染料だけをきれいに取る製品もあれば、メラニンも少し削る製品もあるので、よく確認すること

ブリーチ剤は、メーカーによって薬剤特性がかなり違うので、サロンで使用薬剤のデータを取ることが大切。○レベル以上まで抜くなら○○のほうがいい、といった自主基準をつくりましょう。スピード重視の施術なら早く抜けるタイプ、ホイルの枚数が多いなら、じっくり抜けるタイプでリスク回避、などでも使い分けます。また粘性は操作性に直結する。固めでピタッと止めで塗布したいか、緩めで延ばしたいのか、によって、粘性違いを使い分けるといいでしょう。例えばウィービングのリタッチはある程度固め (オーバーラップできないので)、バタフライチップや、バレイヤージュの時の毛先塗布はは少し柔らかめのほうが操作性が良いといえます。

ブリーチによるダメージはなぜ起こる？

ブリーチ剤による脱色のメカニズムは、まず1剤に含まれるアルカリが髪の毛を膨潤させ、キューティクルを開きます。次に1剤のアルカリと2剤の過酸化水素が反応して、髪のメラニン色素を酸化分解し髪が明るくなります (脱色)。
この時、キューティクルを開くことで起こる外部損傷と、メラニン分解時に内部のたんぱく質を壊すこと (ダメージホール) で起こる内部損傷の二つのダメージが発生します。内部損傷が進むと、髪の弾力、ハリ、コシがなくなり、色持ちも悪くなっていきます。
高明度になるほど、1レベル違っただけでも、ダメージ度合いが変化します。特にアンダーがオレンジからイエローに変わる前の14〜15レベルの領域と、イエローからペールイエローに変わる前の16〜18レベルは、手触り感や弾力が1レベル差でも大きく変化すると感じているので、慎重にレベル設定をしています。ダメージを最小限にするためには、アンダーレベルを適切にコントロールしていくことが重要です。

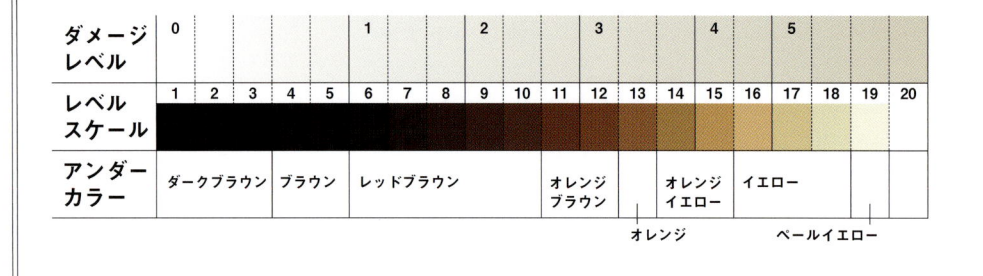

ダメージレベル	0				1				2			3		4		5				
レベルスケール	1	2	3	4	5	6	7	8	9	10	11	12	13	14	15	16	17	18	19	20
アンダーカラー	ダークブラウン		ブラウン		レッドブラウン						オレンジブラウン			オレンジイエロー		イエロー				

オレンジ　　ペールイエロー

小 ←──── ダメージ ────→ 大

 内部損傷 メラニン分解による損傷 ──→ ・色持ちが悪くなる
・髪の弾力
・ハリコシがなくなる

毛髪に対する薬剤作用のイメージ

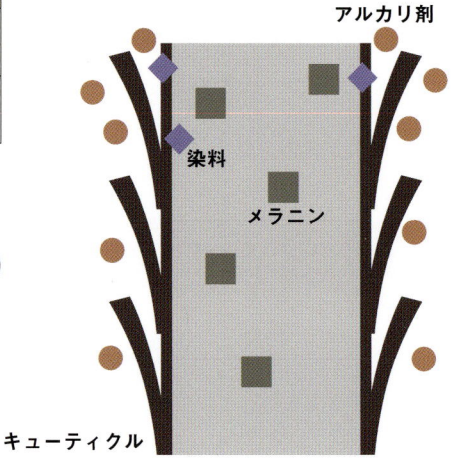

アルカリ剤

染料

メラニン

キューティクル

ブリーチコントロールのオキテ

オキテ❶

薬剤パワーは施術時間から逆算

目的の
アンダーレベル
×
施術時間
＝
ブリーチ
コントロール
薬剤選択と工程

ブリーチの薬剤設定（オキシのパーセントも含む）は、目的のアンダーレベル（現状からどこまでトーンアップしたいか）に対し、施術時間がどれくらいかかるか（技法やホイルの枚数）によって決定します。ホイル数枚なら、パワーの強い薬剤でスピーディに施術できるし、フルヘッドのウイービングなら、ある程度緩やかな反応の薬剤で、抜け過ぎるリスクを回避することも考えましょう。

オキテ❷

確実に抜けて確実に止まる薬剤設定

しっかり抜く！　←――――――――→　きっちり止める！

必要レベルまで抜けないことも、逆に抜け過ぎてダメージを進行させることもNG。薬剤設定は「求めるレベルまで確実に抜けて、そこで止める」ように設定することが肝心です。また「きっちり止める」には、ホイルアウトするタイミングを見誤らないことも重要。そのためには、ブリーチ剤×オキシのパーセント×時間のデータを把握しておくことが必要です。

オキテ❸

薬剤のパワーを視覚化＆数値化

次ページでは、ブリーチ（＆ライトナー）×オキシのパーセント×時間を、右表のような組み合わせで実験し、データを取った例を紹介しています。このように自分のサロンで使っている薬剤のデータを実際に取り、視覚化＆数値化して、スタッフ全員で共通認識にしておくことが大切です。

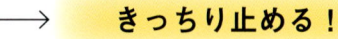
○地毛スタート　○加熱なし　○ホイルなし

放置時間	ライトナー単品	ライトナー：ブリーチ 5:1	ライトナー：ブリーチ 2:1	ブリーチ単品 OX3%	ブリーチ単品 OX6%
15分	7LV	10LV	10LV	11LV	13LV
30分	7.5LV	11LV	11LV	12LV	14LV
60分	8LV	12LV	12.5LV	14LV	15.5LV
90分	8.5LV	13LV	13.5LV	15LV	16.5LV

ダメージレベル	0			1		2		3		4		5		
レベルスケール	1	2	3	4	5	6	7	8	9	10	11	12	13	14	15	16	17	18	19

ブリーチコントロール実験例

ここでは実験的に、ブリーチとライトナーで、
オキシと放置時間を変えた組み合わせの比較をしていきます。

ブリーチ剤とライトナーに対し、オキシを3％と6％、時間を15分、30分、60分、90分と変えて、
レベルの上がり具合を比較してみました。
またここではブリーチ剤とライトナーのパワーの違いを理解するため、あえてライトナーとブリー
チ剤を5：1、2：1でミックスしたものも実験に加えました。（注1）
その結果、図1のようなレベル差の結果が生まれました。ブリーチ剤とライトナーではかなりの
パワー差があること、オキシのパーセントで、パワー差だけでなく、かなりのスピード差がある
ことが分かります。
また図2のように、時間経過も見ていくと、ブリーチとブリーチ＋ライトナーでは、目的レベル
の到達のスピードに大きな開きがあることが分かります。

このようにウイッグや毛束を使って、サロンで使用している薬剤の実験データを取り、視覚化＆
数値化してみましょう。薬剤選択がよりスピーディで正確になるはずです。

注1 サロンワークでブリーチ剤とライトナーをミックスすることは、薬機法で禁止されています

ブリーチ剤

図1

○地毛スタート　○加熱なし　○ホイルなし

放置時間	ライトナー単品	ライトナー：ブリーチ5：1	ライトナー：ブリーチ2：1	ブリーチ単品OX3%	ブリーチ単品OX6%
15分	7LV	10LV	10LV	11LV	13LV
30分	7.5LV	11LV	11LV	12LV	14LV
60分	8LV	12LV	12.5LV	14LV	15.5LV
90分	8.5LV	13LV	13.5LV	15LV	16.5LV

図2

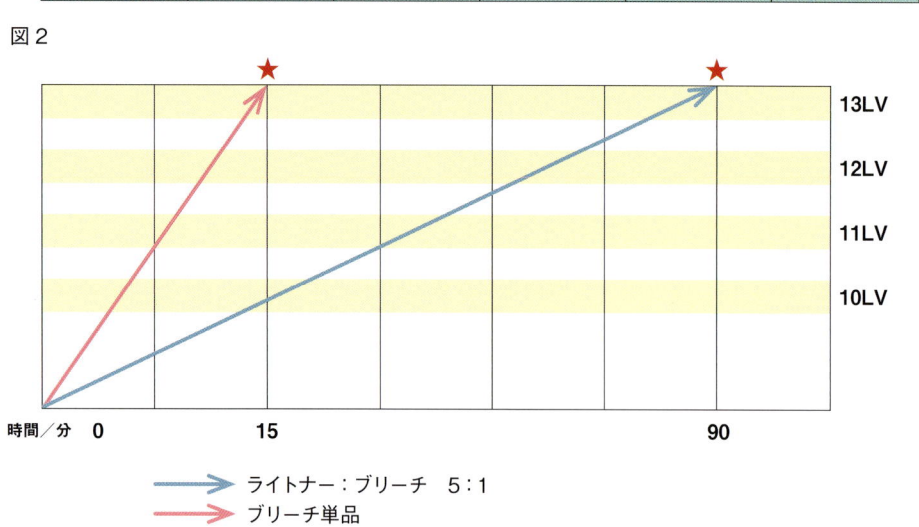

時間／分　0　　　　15　　　　　　　90

13LV
12LV
11LV
10LV

→ ライトナー：ブリーチ　5：1
→ ブリーチ単品

ライトナー単品

15分　7LV

30分　7.5LV

60分　8LV

90分　8.5LV

Highlight Technique

ライトナー : ブリーチ 5 : 1	ライトナー : ブリーチ 2 : 1	ブリーチ単品 3%	ブリーチ単品 6%

10LV	10LV	11LV	13LV
11LV	11LV	12LV	14LV
12LV	12.5LV	14LV	15.5LV
13LV	13.5LV	15LV	16.5LV

Chapter_01

20レベルスケール

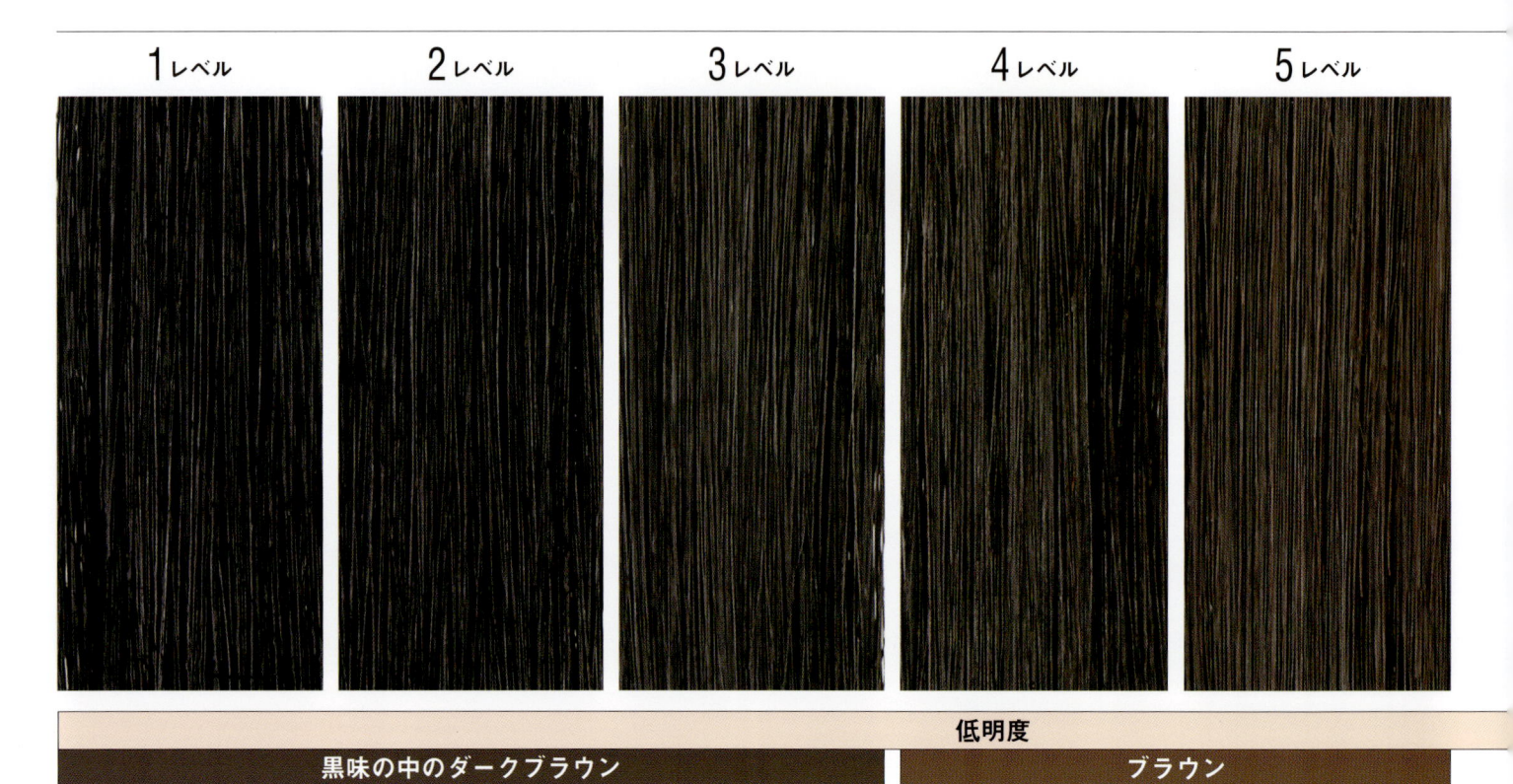

| 1レベル | 2レベル | 3レベル | 4レベル | 5レベル |

低明度

黒味の中のダークブラウン **ブラウン**

黒味の中のダークブラウン、ブラウンは、見た目が黒髪〜暗い茶と認識される領域。日本人の地毛はこの領域が
大多数を占めます。ヘアカラーの場合、色味はほぼ発色せず、また褪色してもごくわずかしか明るくなりません。

| 11レベル | 12レベル | 13レベル | 14レベル | 15レベル |

中明度 **中高明度** **高明度**

オレンジブラウン **オレンジ** **オレンジイエロー**

オレンジ味を感じる領域。赤の色素が分解され始め、彩度の高いイエローが残るため、レッド＋イエロー＝オレンジとなり、中明度で
はオレンジがかったブラウン、高明度ではオレンジイエローの印象になってきます。14レベル以上で寒色系は発色しやすくなり、逆に
暖色系は、イエロー味が強くなると赤味が足りず適正な色味が出にくいため、色素補正が必要となってきます。

レベルを考えるときのベースとなる
20レベルスケールの毛束見本です。アンダーレベルの領域ごとに、特徴と注意点があります。

| 6レベル | 7レベル | 8レベル | 9レベル | 10レベル |

| | 低中明度 | | 中明度 | |

レッドブラウン

レッドブラウンは、赤味を感じるブラウンの領域。日本人の場合、この領域からはヘアカラー毛であることがほとんど。毛髪内にメラニン色素が多く残っているので、暖色系の色は出しやすいのですが、寒色系は沈んで濁った色に発色しがちです。

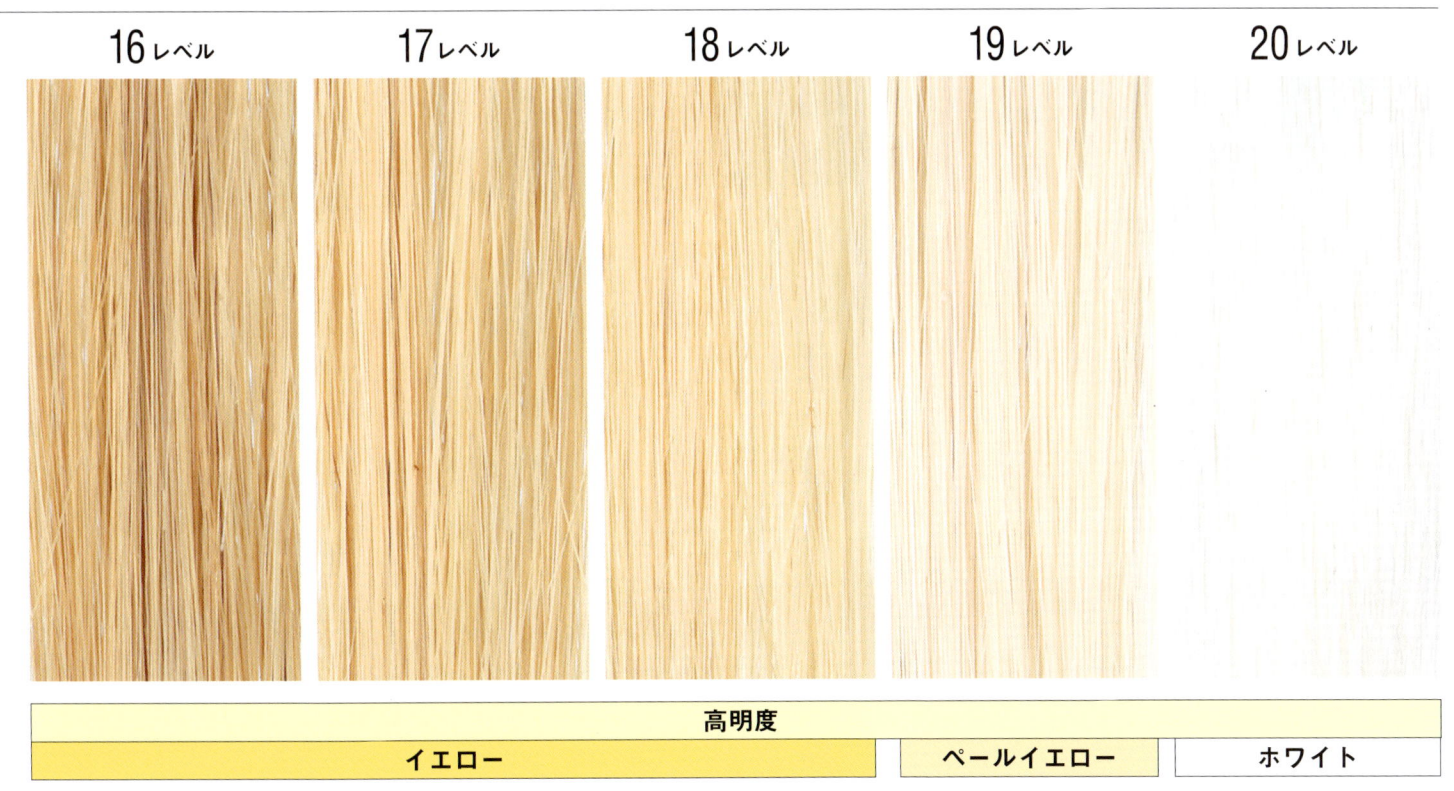

| 16レベル | 17レベル | 18レベル | 19レベル | 20レベル |

高明度

| イエロー | | ペールイエロー | ホワイト |

イエローからホワイトに向かう領域。赤味がなくなるため、暖色系の発色には色素補正が必要です。また寒色系もトーンによっては青味や緑味が強く発色し過ぎる場合があります。その場合も色素補正が必要です。白に近づくということは、ポーラス毛に近づくということでもあるので、いずれにしても慎重な扱いが必要となる領域です。

Chapter_02

徹底復習！ ハイライトの基本テク

「kakimto arms 流ハイライト」において、欠かすことのできない、代表的な5つのハイライトの入れ方を解説します。
それぞれのテクニックのポイントを再確認しましょう。

基本のフルウィービング

全頭にスライス間隔1センチ、幅3ミリ、深さ3
ミリ、間隔7ミリで入れるウィービング。「kakimto
arms 流ハイライト」の基本となるテク。

→ p88

バタフライチップ

スーパーグラデーションデザインをつくる場合など
に用いるテク。ホイルをたたんだ形状が蝶々に似
ていることから、バタフライチップと呼ばれる。

→ p94

ダブルチップ

ウィービングしたチップのすぐ下も同様にチップを
すくい、ウィービングを2枚重ねて1セットとする
テク。ハイライト1本1本のチップを強調。

→ p93

チップバタフライ

ウィービングのホイルのすぐ下にバタフライチップを
入れ、2枚で1セットとするテク。毛量調節が多く
された髪でも毛先の先までハイライトを出せる。

→ p95

フレンチバレイヤージュ

バレイヤージュとは仏語で「ほうきで掃く」の意。
ほうきで掃くようにさっとハケを滑らせて、スジ状
にカラーを入れていくテク。

→ p96

フィンガーペインティング

毛束の中間をねじり、毛先を扇状に広げ、指で薬
剤を塗布し、毛先に向かってスピーディに大胆な
グラデーションをつけていくテク。

→ p97

チップとピッチの関係

ウィービングのテクニックに入る前に、チップとピッチの違いでどう変わっていくのかをおさらいします。

3×3×7で全頭ウィービング
スライス間隔1センチ
幅3ミリ×深さ3ミリ×間隔7ミリ

基準となるベーシックチップ。アジア人の黒髪を柔らかく自然に見せることに、最も適したチップ。

10×5×10で全頭ウィービング
スライス間隔1.5センチ
幅10ミリ×深さ5ミリ×間隔10ミリ

太めのチップ。かなり存在感のあるハイライトとなり、インパクトを与えます。

チップとピッチの大きさ

| ナチュラルに馴染みやすい | 狭い　小さい　細い ＜　　　　　＞ 太い　大きい　広い | コントラストが強く、目立ちやすい |

✓ チップとピッチはこう考える

『kakimoto arms』では幅3ミリ×深さ3ミリ×間隔7ミリ（3×3×7）で取るウィービングをベーシックにしています。これがアジア人の黒髪を自然で柔らかい質感に見せるのに最も適していると考えるからです。

ですからこれよりも太くなっていくと、インパクトや存在感を出す効果、これよりも細くなるとハイライトの存在感よりも全体の透け感や明るさといったテクスチュアを表現する効果に移行していくと捉えています。

また同じ3×3×7のウィービングであっても、ダブルチップにする、チップバタフライにする、など、その配置や組み合わせでもデザインが変わります。

チップとピッチの意味

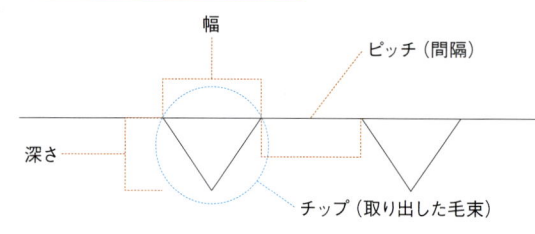

幅
ピッチ（間隔）
深さ
チップ（取り出した毛束）

チップの形は四角形もある

ウィービングは、チップの大きさである幅と深さ、そこにチップとチップの間隔をセットにして現す。現す順番は『kakimoto arms』では幅・深さ・間隔の順。「2×2×5のウィービング」とあれば、「幅2ミリ、深さ2ミリ、間隔5ミリでチップを取ったウィービング」ということになる。

チップの配置

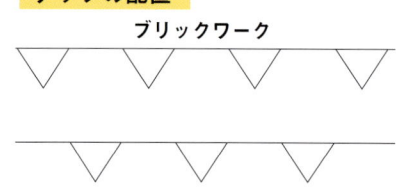

ブリックワーク

チップを互い違いに取って、レンガ（ブリック）状に重ねる方法。ハイライト同士が馴染んで、ナチュラルな質感になる。基本のウィービングでは必ずこのブリックワークを使う。

ダブルチップ

チップを上下で二段重ねて1セットとする方法。縦のラインが強く出て、ハイライトの存在感が増す。ある程度毛量調整された髪にも、毛先までハイライトを表現したい場合などに使う。

ホイルにベルトを巻く理由

『kakimoto arms』では、ホイルの根元にベルトを巻くことを徹底しています。
その理由と巻き方を解説します。

☑ なぜベルトを巻く？　どんなメリット？

ベルトはホイルの根元から薬剤が漏れることを防ぐ役割をしています。その役割によって①根元ギリギリからハイライトデザインを入れることができる　②ホイル＋ワンメイクの同時施術の際、ホイルの根元が緩むのを防ぐ　③ホイルがついた状態でのシャンプー時に、水の浸入を防ぐ、といった効果があります。

ベルトを巻かなかった例　**ベルトを巻いた例**

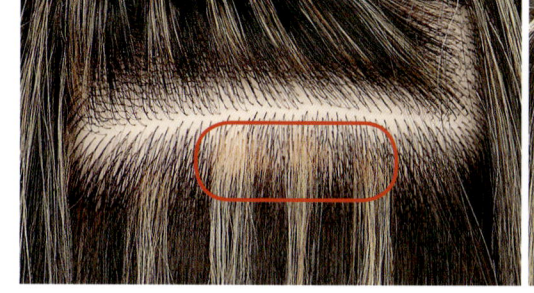

ベルトを巻かなかった方は、薬剤が漏れてしまったため、頭皮付近に明るい「点」のような「ムラ」が出てしまっています。ベルトを巻いた方は、根元ギリギリから均一な明るさのハイライトが入っています。

☑ ベルトを巻くときの注意点

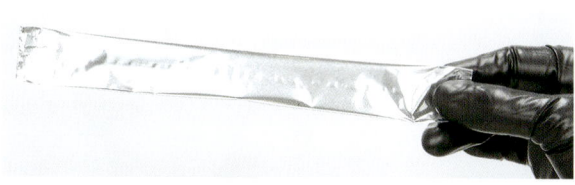

長さ20センチ程度のホイルを4つ折りにたたんで、ベルトのストックをつくっておく。

←このテクニックは動画で解説しています

ホイルの根元に、折り目側を当ててベルトを置く。ピタッと根元に沿わせることが大切。

裏側も根元にピタッと沿っているか、確認。

左右からきっちり折りたたむ。

両端をピシッと閉じて完成。

NG！
ベルトが短すぎて、裏側まで回わり切っていない例。これでは薬剤が漏れてしまう。

Chapter_02

正しいフォームと立ち位置

長く続けるうちに、ついついクセが出て自己流になってしまいがちなフォーム。
もう一度、自己チェックをしてみましょう。

トップ

左顔周り

☑ 正しいフォームと立ち位置とは？

フォームや立ち位置が不適切だと、チップの取り方や塗布などが不正確になります。
常に引き出すパネルの正面になる位置に立ち、頭皮と自分の間には適度な空間を保つようにしましょう。

顔周りを斜めに引き出す時は、ひじの角度はスライスに対して平行をキープする。こうすることで斜めの角度のままオンベースが保ちやすくなる。

基本姿勢

トップは頭を少し手前側に倒してもらい、ヒジの角度をキープ。上から覗き込むようになり過ぎるのはNG。

NG！

基本姿勢に対するNG例。身体が縮こまって、安定性がない。見た目も良くない。

NG！

基本姿勢に対するNG例。ひじが下がっていることでステムも下がっている。ホイルがだれやすくなる。

右顔周り

パネルの正面の位置に立ち、オンベースで引き出している。チップを取る時も、塗布する時も安定している。

右顔周りも左と同様、パネルの正面に立ち、ひじをスライスと平行にキープ。

ネープ

下のセクションはひざを曲げ、腰を落として施術、腰を曲げるのはNG。

目線

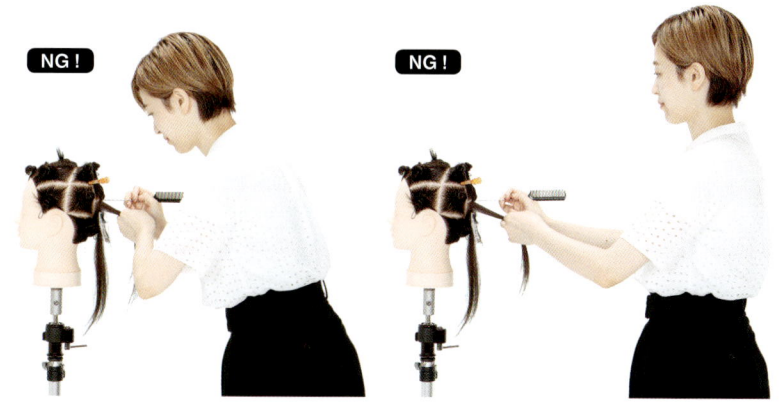

目線は高過ぎも低過ぎも NG ！

目線は、胸とお腹の中間ぐらいを見る角度をキープ。スライス線やパネルの角度が最も正確に見える位置となる。

左は目線が近過ぎ、右は目線が遠過ぎ。どちらもチップや塗布が不正確になりやすい。

ひじの角度

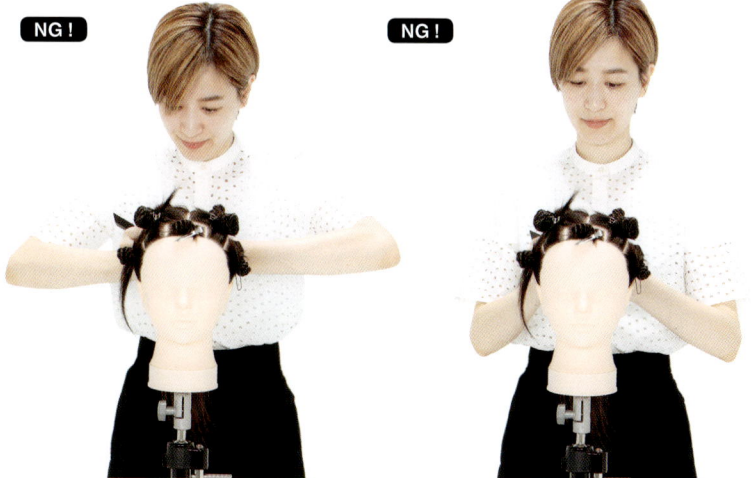

ひじはスライスに平行。上げ過ぎ下げ過ぎは NG ！

カットと同様、ひじの角度が重要。スライスに平行にするが、腕を張り過ぎて肩が上がってしまうようだと NG。肩に力が入って、正しいパネル操作がしづらくなる。

左はひじが高過ぎて、肩も上がって張っている。右は逆に腕が縮こまり、ひじが下がっている。どちらも正確にパネルを引き出しにくい。

Chapter_02

正確なセクショニングの仕方

ハイライトを入れる際に行うセクショニング。ここではその代表例と、目的を説明します。

☑ なぜ正確なセクショニングが必要なの？

丸い頭に平面のホイルを入れていけば、どこかで当然無理が生じます。そこで球体をできるだけ平面になるパーツでブロッキングして、ホイルを配置しやすいようにしたものがセクショニングです。

セクショニングはワンメイクやリタッチの時にも行いますが、上記のような理由から、ホイルワーク時にはより正確性が要求されます。

が、<u>正しいセクショニングをマスターしておけば、フルヘッドの細かいウィービングであっても、正確にリタッチ、再現ができるようになるのです。</u>

Cut base

基本の12セクション（バングなし）

フルウィービングの基本セクショニング

❶…フロントボックス
❷❸❹❺…サイドセクション
❻❼…トライアングルセクション
❽❾❿…スリークォーターセクション
⓫⓬…ネープセクション

ありがちな NG！

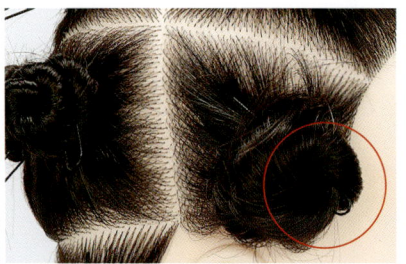

分け取ったセクションは小さくまとめておきますが、毛先が飛び出たり止め方が緩いなどで、セクション外に出てしまうのはNG。他セクション施術時のじゃまになってしまうので、きっちりセクション内に収めることが大切です。

Cut base

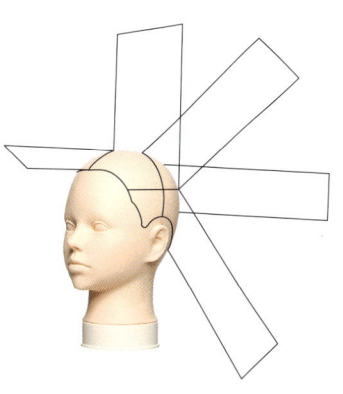

☑ バングがある場合の 12 セクション

フロントボックスの取り方が、基本の 12 セクションとは変化します。カットベースのバングセクションに合わせて、独立したバングセクションを取ります。

Cut base

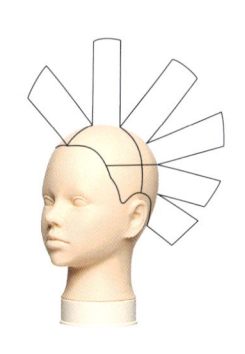

☑ ショートのフォワードスタイルの場合のセクション

ショートレイヤーなどのショートのフォワードスタイルは、トップポイントから放射状に落ちる毛流れに沿って、オーバーセクション中心のハイライトを入れることが基本です。そのためトップに、6〜7センチ幅のモヒカンゾーンを取ります。

 ←ポイントを動画で
解説しています

Chapter_02

基本のフルウィービング

Before

動画マークがあるテクニックはWebで視聴できます。

Sectioning
基本の12セクション（p86参照）を取る。

1
ネープ（セクション⑪）から厚さ5ミリスライスで取り出し、幅3ミリ、深さ3ミリ、間隔7ミリ（3×3×7）のウィービングでチップを取る。

2
下からホイルを入れ、根元にしっかり沿わせる。すくったチップを中央に集め、ずれないように、左の親指でしっかり押さえる。

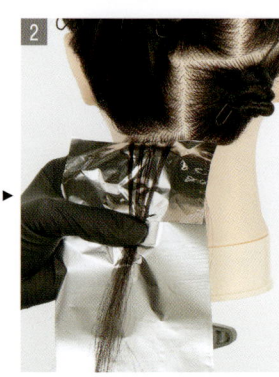

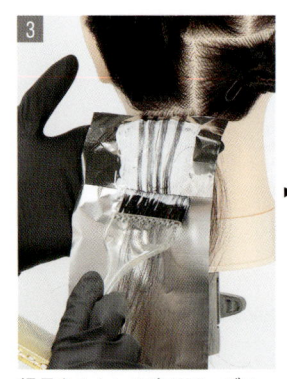
3
根元を1センチ空けて、ブリーチ剤を塗布。オンベースに引き出して、ハケの角度を根元は60度、中間〜毛先に向かうに従って30度に倒しながら伸ばす。

4
残しておいた根元1センチにブリーチ剤を塗布。根元ギリギリはハケを立てて塗る。毛先は最後に塗布。

5
まず2つに折り、さらに1/3を折り返す。

6
両端からも折る。チップの取り始めと取り終わりの位置で、コームで折り目をつけながら折りたたむ。

7
根元にベルトを巻く（P83参照）。

Highlight Technique

☑ フルウィービングとは？

全頭を細かいチップでフルウィービングすることで、どんなカットベースをどこで分けても、自然なハイライトを表現することが可能に。
ここでは幅3ミリ、深さ3ミリ、間隔7ミリのウィービングで、5レベルの髪に、15〜16レベルのウィービングを入れていきます。

これで1パネルとなる。

セクション⑪のヘムラインに移る。ここも厚さ5ミリのスライスを取る（幅が広すぎる場合は二つに分ける）。

同様に3×3×7のウィービングで引き出し。スライス線に合わせてホイルを置き、根元1センチ空けてブリーチ剤を塗布。

毛先に行くにしたがって、ハケは寝かせ気味に。

残しておいた根元1センチ部分に塗布。

ホイルはスライス線に平行、オンベースをキープしながら、⑤〜⑧と同様に折る。

ベルトは根元からしっかり巻く。

このように、まずネープセクション（⑪&⑫）のヘムライン全体をウィービング。

次のパネルからは厚さ1センチスライスを取る。同様に3×3×7でウィービング。

その上は幅が広いので、二つに分けてホイルを入れる。

センターセクションの⑧も同様に、厚さ1センチスライス、3×3×7のウィービング。

センターセクションの終了。

両サイドのセクション⑨と⑩も同様にホイルを入れていく。

トップセクション⑥と⑦は厚さ1センチスライスを取り、同様に3×3×7でウィービング。

トップの表面は2ミリのカバーリングを取る。

動画マークがあるテクニック
はWebで視聴できます。

トップを塗布する時は、しっかりテンションをかけ、オンベースに引き出すことを意識しないと、根元ギリギリまで塗布できないので注意。

フロント～サイドセクション②～⑤に移る。顔周りは直線ではなく、生え際の形に沿って引き出すことが大切（生え際ギリギリからハイライトを出すため）。

こめかみ部分も、生え際の形に沿って引き出す。すべて厚さ５ミリスライスで、3×3×7のウィービングを入れていく。

この部分も短いベルトを使用。テンションがかかりにくく、ホイルがずれやすい部分なので、注意が必要。

顔周りには6枚、ホイルを入れる。

サイドセクション③と⑤の耳上は、幅が狭いので取り出しにくく、ホイルがよれてしまいやすいので丁寧に。

サイドセクション②～⑤は、厚さ1センチスライスで、3×3×7のウィービングを積み上げていく。サイド終了状態。

フロントボックス①も、生え際の形に沿って引き出す。ここは厚さ5ミリスライスで。3×3×7でウィービング。

これですべてのセクションが終了。塗り始めから塗り終わりまでの時間の目安は40分。

コームのテールを使い、ホイルの根元を上に向けて追って、顔にかからないようにする。

Hoil on

Highlight Technique

よくあるNG例

ここではありがちな失敗例を紹介します。ブリーチはミスが目立ちやすい施術。
些細なこととおろそかにせず、細心の注意を持って、繊細な施術を心がけましょう。

☑ 塗布量と塗布場所が不正確だと、ムラ抜けやダメージの原因に！

OK

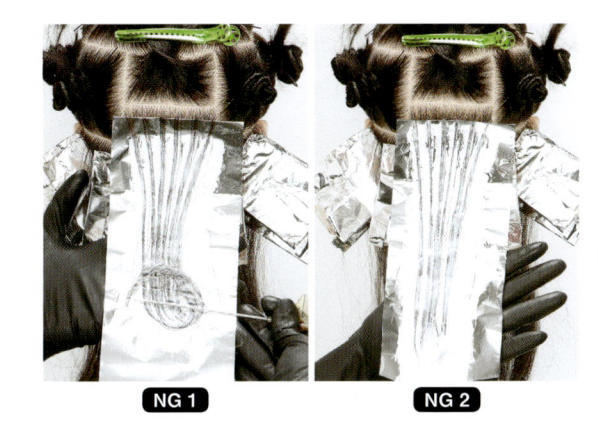

NG 1　　　**NG 2**

根元ギリギリから塗り（最初は根元1センチ空けて塗り始め、最後に毛先ギリギリまで塗布する）、毛先は塗らずに空けておくことが基本です。
NG 1 は根元が空き過ぎている例。当然、根元に暗い部分が残ってしまいます。
NG 2 は、ホイルの下まで塗布してしまった例。これでは折りたたんだ後根元に薬剤がさらについて、明るくなり過ぎてしまいます。

☑ ホイルのたたみ方が間違っていると、薬剤がもれてしまう！

OK 1　　　**OK 2**

NG 1　　　**NG 2**　　　**NG 3**

ホイルのたたみ方＆ベルトの留め方は **OK 1** のように平行に折ることが基本ですが（p83参照）、**OK 2** のように三角形に折りたたんでもOKです。この方法なら、根元側から薬剤が漏れることがありません。

NG 1 は、ホイルが上に被さってしまっている例。
NG 2 は、ベルトが短すぎて、ホイル口がしっかり閉じられていない例。
NG 3 は、逆三角形に折られてしまっている例。
これらはすべてブリーチ剤がホイル内から漏れて、思わぬところを脱色してしまう危険がある例です。

☑ ホイルは根元まできっちり入れないと、根元が暗くなる！

OK　　　　　　**NG**

フェイスラインなど、スライスが斜めになる場所は、ホイルをきっちり根元まで沿わせづらい部分です。しかしOKのように根元ギリギリまでホイルを差し込まず、NGのように根元から浮いた状態になってしまうと、根元にはハイライトが入らず、黒く残ってしまいます。

Chapter_03

ウィービング以外の代表的なテク

ハイライトを入れる方法は、ウィービングの他にも色々あります。ここでは『kakimoto arms』がこの本の中で使っている、ウィービング以外の5つのテクニックを解説します。

ダブルチップ

→ p93

バタフライチップ

→ p94

チップバタフライ

→ p95

フレンチバレイヤージュ

→ p96

フィンガーペインティング

→ p97

動画マークがあるテクニック
はWebで視聴できます。

Highlight Technique

ダブルチップ

特徴はなに？ どんな時に使う？

ウィービングしたチップの、すぐ下も同様にチップをすくい、ウィービングを2枚重ねて1セットとするテク。チップを重ねる事でハイライト1本1本のチップを強調することができます。

1 厚さ1センチのスライスで取り、幅3ミリ、深さ3ミリ、間隔7ミリのベーシックなウィービングでチップを取る。

2 ベーシックなウィービング同様に、ブリーチ剤を塗布。

3 ホイルオンしたら、ホイルを上向きに上げて、落ちてこないようにピンで留める。

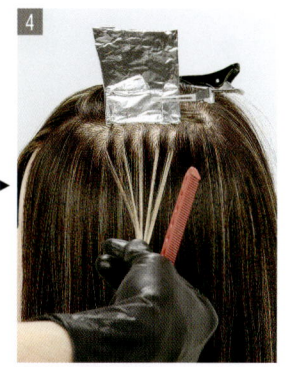

4 そのすぐ下（間隔を空けない）も同様にスライスを取り、上のチップと重なるように、3×3×7のチップを取る。

5 根元1センチを空けて、ブリーチ剤を塗布（根元が明るくなり過ぎるのを防ぐため）

6 下まで延ばす。毛先までしっかり塗布。

7 下のパネルもホイルオンする。

8 この上下2枚でダブルチップの1セットとなる。

動画マークがあるテクニックはWebで視聴できます。

■ ■ ■
ハイライトを成功させるための見直しテク

バタフライチップ

特徴はなに？　どんな時に使う？

毛量調節がされている髪に、中間から毛先まで自然なグラデーション状のハイライトを入れることができるテクです。ホイルをたたんだ形状が蝶々（バタフライ）に似ていることからバタフライチップと呼ばれています。グラデーションカラーをつくるときに用いられます。

1 まず、基本の12セクション（p86参照）でセクショニング。セクションと平行の、厚さ2センチのスライスを取る。

2 パネルの削がれ具合を確認し、削がれずに長く残っている部分のみ、ウィービングで拾う。

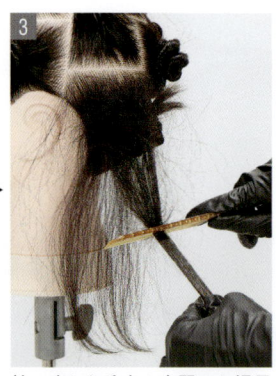

3 拾い出した毛束の中間から根元にかけて2回、しっかりと逆毛を立てる。

4 ホイルを置き、中間から毛先にかけてブリーチ剤を塗布。毛先には多めに塗布する。

5 ホイルを1センチ下に引いてずらす（塗り始めの際をぼかすため）。

6 コームを使って、ホイルを左右から三角形になるように折りたたむ。

7 逆側も同様に折る。

8 薬剤が漏れないように、三角形の頂点の口をねじってしっかり閉じる。

9 このように、三角形のホイルとなる。

10 仕上がり。ストレートダウンの状態。毛先側にハイライトが表れている。

動画マークがあるテクニックはWebで視聴できます。

Highlight Technique

チップバタフライ

特徴はなに？ どんな時に使う？

ウィービングしたホイルのすぐ下にバタフライチップを入れ、2枚で1セットとするテク。毛量調節が多くされた髪でも毛先の先までハイライトを表現できることが特徴。ハイレイヤーなど段差の大きなカットベースや、毛量の少ない髪に、毛先までハイライトを出したい場合にも向きます。

1 1枚目はまず、幅3ミリ、深さ3ミリ、間隔7ミリのベーシックなチップを取る。

2 ブリーチ剤を塗布。

3 ホイルオンして、上に向けてピンで留めておく。

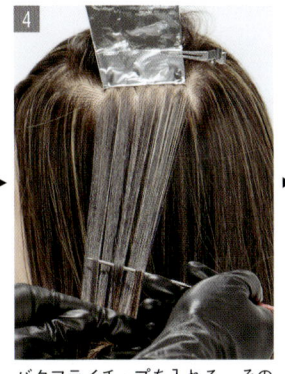

4 バタフライチップを入れる。そのすぐ下のパネルの中間から、削がれずに長く残っている部分のみチップをすくう。

5 すくい取ったチップの、中間から根元にかけて逆毛を立てる。

6 毛束の中間から毛先に向かって、ブリーチ剤を塗布。

7 ホイルを下に1センチ引いてずらす。コームを使って、ホイルを左右から三角形に折りたたむ。

8 このようにホイルは三角形に折りたたまれる。

9 ホイルの口を一回転ねじって、しっかり閉じる。

10 この2枚で、チップバタフライの1セットとなる。

動画マークがあるテクニックはWebで視聴できます。

フレンチバレイヤージュ

特徴はなに？ どんな時に使う？

バレイヤージュとはフランス語で「ほうきで掃く」の意味。ほうきで掃くようにさっとハケを滑らせて、スジ状にカラーを入れていきます。絵を描くように色を入れていくことができるので、デザインの自由度が高いテクです。グラデーションをつけたい時などに用います。

1 デザインが欲しい場所から、厚さ1センチのスライスでパネルを取り出す。人差し指と親指で、しっかりテンションをかけてパネルを持つ。

2 パネルを持ったまま、ヘラにのせてあるブリーチ剤を、ハケに適量取る。

3 パネルの中間から毛先に向かって、ハケをサッと滑らせるようにしてブリーチ剤を塗布。

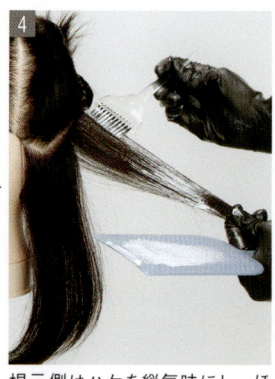

4 根元側はハケを縦気味にし、ほうきで掃くようにサッと塗っていく。

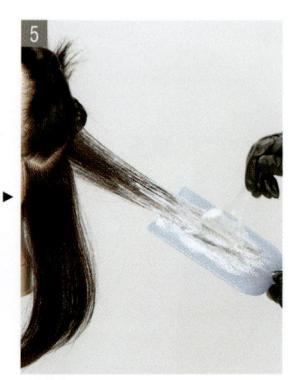

5 毛先にはたっぷり塗布したいので、下にヘラを敷いた状態で塗布する。

6 塗り終わったら、裏側から根元にコットンをしっかりとかませる。

7 コットンをかませたまま、ヘラをスッと抜き取る。

8 つぶさないように、ラップをふんわりかける。

9 これで1パネルが終了。デザインが欲しい場所に、この方法で塗布していく。

10 全頭をバレイヤージュした仕上がり。ストレートダウンの状態でも、このようにランダムで自然なグラデーションがついていることがわかる。

動画マークがあるテクニックはWebで視聴できます。

Highlight Technique

フィンガーペインティング

特徴はなに？ どんな時に使う？

毛先に向かってスピーディに大胆なグラデーションをつけていくテク。まず毛束の中間をねじり、毛先を扇状に広げます。毛束をねじった部分にも、指で薬剤を塗布していくことで、薬剤のついている部分とついていない部分との境界線がボケて、自然なグラデーションがつきます。

1 イア・トゥ・イアで分け、バックは4分割、サイドは2分割にセクショニングしておく。まずは厚さ3センチのスライスでパネルを取り出す。

2 上から1/3の位置で毛束をつまみ、リバース方向に2回転ねじる。

3 毛先側をしっかりと広げる。

4 広げた毛先側に、指でブリーチ剤を塗布。

5 ねじった部分にも、指で馴染ませる。

6 手についた薬剤を一度しっかりふき取ってから、塗布した部分にホイルをあてる。

7 ホイルを両端から折りたたんでいく。最後に毛先側も折りたたむ。

8 薬剤が漏れないように、根元をしっかり締める。

9 これがフィンガーペインティングの1パネル分となる。

10 全頭をフィンガーペインティングした仕上がりの、ストレートダウンの状態。

動画マークがあるテクニックはWebで視聴できます。

Chapter_04

トナーの重要性を知ろう

最後の色調整として行うトナーは、実はハイライトデザインに取って重要な施術です。ここではそのポイントと、トナー施術の種類と使い分けについて解説します。

☑ なぜトナーが必要？

ブリーチを使ってアジア人の髪にハイライトを入れると、どうしても黄味やオレンジ味が残りやすく、ツヤに欠けて見えがちです。それを最後に補正してくれるのがトナー。ハイトーンだけどツヤのあるテクスチヤーに仕上げる、またはベースとのコントラストが強いハイライトを、少し馴染んだ印象にする、など、トナーはハイライトデザインにとって重要な役割を担っているのです。

☑ トナーの注意点は？

薬剤設定が最も重要です。トナーはあくまでも色味を微調整することが目的。色が入り過ぎて、残しておきたいハイライトをつぶしてしまっては意味がありません。基本は9〜10レベルで、ブラウン味が少ないペールトーンを選び、塗布はスピーディに。放置時間は10分以内が目安です。リフトアップの必要がないので、微アルカリ〜低アルカリの薬剤を使い、ダメージのリスクを低くすることも重要です。

☑ トナーにはどんな種類がある？

主に3つの方法があります。
①ドライで行うトナー
②ウエットで行うトナー（シャンプー台）
③ウエットで行うトナー（セット面）

☑ トナーってどういう役割？

トナー ━━ ハイライトの補正

あくまでも「補正」。ベースそのものを変えたいなら、ワンメイクを

Point 1
トナーは来店周期に合わせる
トナーの施術方法によって、色味と色持ち具合が変わってきます。これはお客様の来店周期によって調整しましょう。例えば毎月来るならジャストな色に。2か月に1度ならやや濃いめに入れて、褪色過程を楽しんでいただく、など。

Point 2
塗布手順はしっかり守る
短時間施術だからといって、根元から毛先までワンタッチはNG！ ワンタッチでは、根元が薄くなる可能性が大。根元から毛先に向かって、時間差をつけて塗布することが大切です。

Point 3
お客様への説明が必要
お客様にトナーの意味を説明しておかないと「また塗るの？」「失敗…?」と、不安に思われるかもしれません。一度では出せない色味を、トナーで完成形にすることや、弱い薬剤を使うのでダメージリスクは低いことなどをきちんと説明しておきましょう。

Highlight Technique

ドライで行うトナー

どんな時に使うテク？　注意点はなに？

トナー施術の中では、最もしっかり色味が入るテク。例えば、少し根元部分に色を濃く入れたい時や、色味が入りづらい髪質の人、来店周期が長く、通常より色持ちさせたいお客様などに適しています。また根元から毛先までハイライトが均一に抜けなかった時も、ドライでトナーして調整します。しかし染料の吸い込み過ぎには充分注意しましょう。ダメージ部分にはクリア剤をミックスするなど、塗り分けと時間差を使って、コントロールしていきます。

  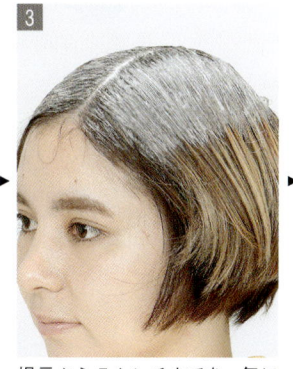  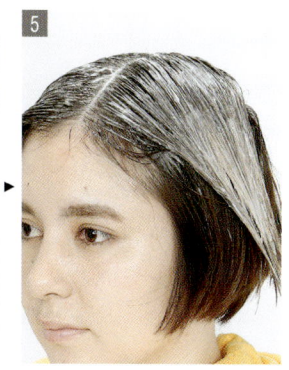

1	2	3	4	5
このケースでは、根元にしっかり色味を入れたかったので、ドライでトナー。まず、塗り分ける位置を確認。この場合は、根元から約5センチまでを最初に塗る。	低アルカリのアッシュ系5レベル（3% OX）を、根元から塗布。	根元から5センチまでを一気に塗布する。	毛先側は薬剤を変えて、低アルカリのアッシュ系10レベル（3% OX）を塗布（ここからはシャンプー台で塗布したほうが安全）。	表面だけハイライトを入れるデザインだったので、ハイライトを入れた部分のみトナーしている。

トナー前（ハイライトのみ）　　　**トナー後**

 ▶

やや残っていたムラ感が消えて、根元から毛先まで、滑らかなグラデーションとなった。黄味も抑えられて、美しいアッシュ系の色味となった。

Chapter_04

ウエットで行うトナー（シャンプー台）

どんな時に使うテク？　注意点はなに？

シャンプー台に寝たままの状態で行う最大のメリットは、すぐに薬剤を流せること。吸い込みの早い髪質や、ダメージの大きいお客様で、1〜2分のズレも危険な場合はシャンプー台で行うほうが安全です（基本はウエットで行うので、ティントの入り方はドライよりも遅い）。しかし寝ている状態なので、後頭部の塗布は難しく、ミランダライツなど、顔周りのみや部分的なハイライトの場合の時に使うテクです。

顔周りのみハイライトのミランダライツ。ウエットにし、シャンプー台に寝た状態からトナー。根元から塗布していく。

低アルカリカラーのグレージュ系10レベル（3% OX）を根元から3センチまで塗布。中間まで伸ばさず、まずは根元側のみをしっかり塗布することが大切。

次に、同じ薬剤を中間部に塗布。

色味をチェックして、時間差の発色を確認する。

続いて毛先にまで塗布。トナーのように短時間施術であっても、根元〜中間〜毛先を一気に塗らず、時間差をつけることが重要。

流すときも一気にではなく、毛先から。

次に中間。

最後に根元をしっかりと流す。

トナー前（ハイライト＋ホイル周りワンメイク）　　　　トナー後

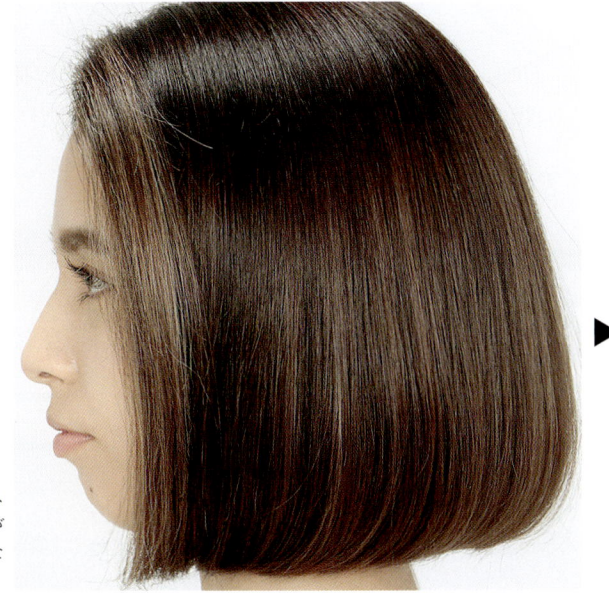 

トナーによって、ハイライト
部分とベース部分のトーンが
やや馴染んで、より自然な
印象になっている。

ウエットで行うトナー（セット面）

どんな時に使うテク？　注意点はなにか？

フルヘッドのハイライトで、シャンプー台でのトナー
は無理な場合などに用いるテク。色の入り方はドラ
イよりも遅くなるので、一人塗りの時はウエットのほ
うが無難。新規の方で、色の入り方が予測しづらい
場合もウエットで行うほうが安全です。ただしこれ
は、ハイライトがきれいに均一に抜けていることが
前提です。色ムラが出てしまった場合はドライのト
ナーで修正しましょう。

時間差をつける塗り分けをするこ
とは共通。ここでは低アルカリの
グレージュ系9レベル（3% OX）
を根元3センチに塗布。

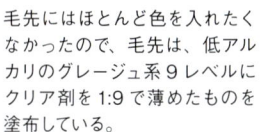

毛先にはほとんど色を入れたく
なかったので、毛先は、低アル
カリのグレージュ系9レベルに
クリア剤を1:9で薄めたものを
塗布している。

トナー前（ハイライト＋ホイル周りワンメイク）　　トナー後

ドライのトナーほど色
味は入っていないが、
明度をキープしたまま、
ハイライトの黄味をキャ
ンセルしている。

継続提案のための
カウンセリングとプランニング

ハイライトはワンタイムの提案のみで OK な技術ではありません。ここからの章では、ハイライトを長く楽しむための「事前カウンセリング」と、
入れたハイライトを継続させるための「プランニング」の考え方を見ていきましょう。

カウンセリングとプランニングの関係は？

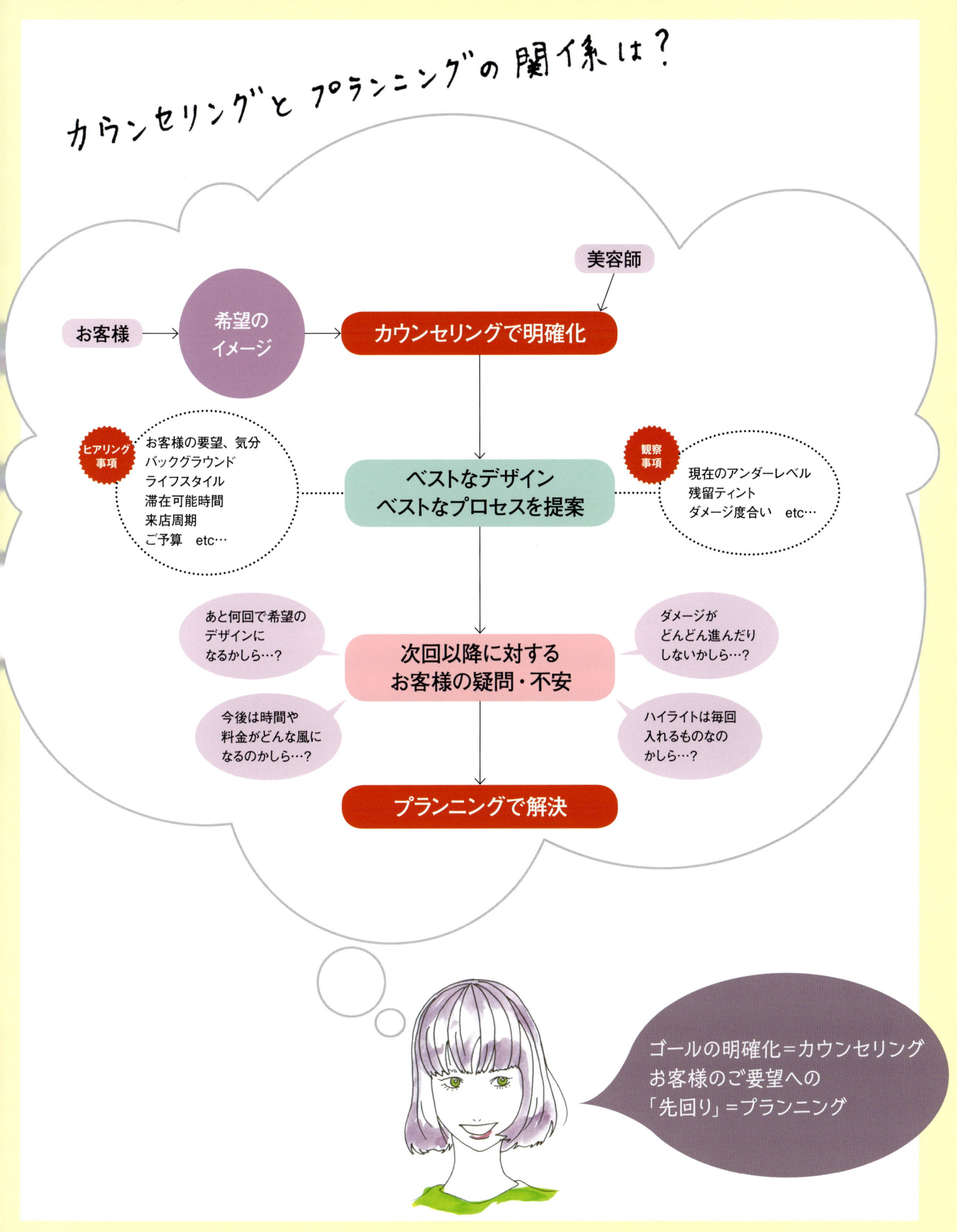

お客様 → **希望のイメージ** → **カウンセリングで明確化** ← 美容師

ヒアリング事項
お客様の要望、気分
バックグラウンド
ライフスタイル
滞在可能時間
来店周期
ご予算　etc…

ベストなデザイン ベストなプロセスを提案

観察事項
現在のアンダーレベル
残留ティント
ダメージ度合い　etc…

あと何回で希望のデザインになるかしら…？

今後は時間や料金がどんな風になるのかしら…？

次回以降に対するお客様の疑問・不安

ダメージがどんどん進んだりしないかしら…？

ハイライトは毎回入れるものなのかしら…？

プランニングで解決

ゴールの明確化＝カウンセリング
お客様のご要望への「先回り」＝プランニング

Chapter_01

カウンセリングとプランニングの基本

プランニングのためには、的確なカウンセリングが必要です。ここではカウンセリング時に何をお聞きし、
何をチェックすればいいのか？　その確認事項をチェックシートにまとめました。

☑ カウンセリングの確認事項チェックシート

デザイン面の チェックと確認	☐ 今日の希望はカットがメインのデザイン？　カラーがメインのデザイン？ ☐ 具体的なデザインイメージはある？　イメージはまだ曖昧？　または迷っている？ ☐ 明るさ、コントラストのイメージは？ ☐ 過去にヘアカラーで「失敗した」「嫌だった」と思った経験はある？ ☐ ライフスタイル的な制約はある？
素材面の チェックと確認	☐ 現在のアンダーレベルは？ ☐ 残留ティントは？ ☐ ダメージ具合は？ ☐ 毛先に黒染め、縮毛矯正、ホット系パーマの履歴があるか？
総合的な チェックと確認	☐ 希望するデザインは、お客様に似合うデザイン？（色味や明るさなど） ☐ 希望するデザインは、髪のコンディションに対して無理のないデザイン？ ☐ 来店周期はどれくらい？ ☐ 一度の施術で可能なデザイン？　完成までは複数回が必要なデザイン？ ☐ 今日の予定（時間）とご予算は？ ☐ お客様にとっての、デザイン性とダメージリスクの優先度は？

○ インスタ写真など具体的なビジュアルを持参する方もいれば、曖昧なままや迷っているから相談したい、提案して欲しいという方もいる。

○ 過去の失敗体験を聞くと、その方にとっての明度や彩度、コントラストに関する嗜好や、どこに優先順位を置いているかが捉えやすい。

○ 明るさやコントラストのイメージは、言葉だけでは食い違いやすい。必ずビジュアル資料で確認を取ること。

○ 吸い込みやすさや抜けやすさを見る髪質診断と共に、現在のアンダーレベルと残留ティントの把握は必須。その正しい判断が最適な薬剤選択に繋がり、ダメージを最小限に抑えることになる。

○ 美容師側のダメージ認識と、お客様側の感覚は違うこともある。お客様自身が感じているダメージ具合をしっかり把握することが大切。

○ 発色に大きく影響し、カラーデザインの幅を狭める可能性がある黒染め（濃い残留ティント）、縮毛矯正、ホット系パーマの有無は必ず確認。お客様にも確認してみると共に、少しでも不安を感じたら、ストランドテストをする。

○ 初めてで履歴の分からないお客様や、リスクの高そうな髪なら、面倒がらずにストランドテストをしてみること。それが失敗を防ぐ。

○ お客様の希望通りにしても、似合わないデザインになってしまったら（顔色がくすんだ、バサバサに見える、など）、満足してはもらえない。希望を優先しつつ、プロとして「似合う」「髪質的に無理がない」デザインの提案が必要。

○ 来店周期の把握はとても大切。3か月に一度ご来店のお客様に、どんなに似合っていても賞味期限が1か月で切れるデザインを提案しては、結果的に不満を持たれてしまう。

○ 髪の状態によっては、1度の施術では希望のデザインが難しいこともある。その場合は「何回必要か」「どんな工程を辿るのか」をきちんと説明しておく。

○「傷んでいるからハイライトはできない」という断り方だと、お客様の不満がつのり失客に繋がりやすい。どういうプログラムを組めば、将来的にハイライトを楽しめるのか、そのプランニングまで含めた提案が必要。

お客様の目的・要望別のプランニング例

お客様の求めるものは千差万別。その都度きちんと確認が必要ですが、
ここでは比較的よくあるケースのプランニング例を見ていきましょう。

Case 1

複数回必要でも、希望のデザインにしたい

目的・要望　希望の色味とハイライトデザインは明確だが、今の素材からは
難しい。

年間計画例

1回目〜3回目…リタッチ or ワンメイク
少しずつ、ベースカラーを整えていく。

4回目…ハイライト＋ワンメイク
ベースが整ってきたら、ハイライトを入れて理想に近づける。

5回目以降…ハイライト or ワンメイク
さらにハイライトをブレンド or ベースをさらに理想のトーンに近づけ、目的のデ
ザインにする。

Point

■お客様に何か月後、もしくは何回目で希望に到達できるのかを説明。基本はお客様
の来店周期に合わせて組み立てるが、ベストな来店周期を伝えることも重要。■特に1
〜2回目は、今回どこまでできるのかを明確に伝えること（曖昧にしないことが重要！）。
■長いスパンが必要なので、途中で飽きさせない工夫を。■もし複数回かけたくない
なら、魅力的な代案を示す。

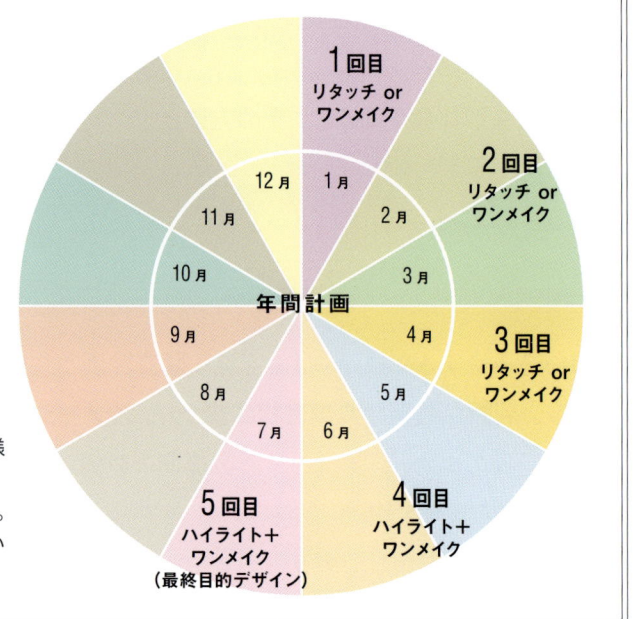

Case 2

髪のコンディション重視でハイライトデザインを継続したい

目的・要望　ハイライトを楽しみ続けたいけれど、ダメージはなるべくさせた
くない。

年間計画例

1回目…ハイライト
希望するイメージに沿ったデザインハイライト。

2回目〜3回目…ワンメイク＋ケア
ワンメイクとケアで、コンディションを整える。

4回目…ハイライトリタッチ
1回目のハイライトのリタッチ

5回目〜6回目…ワンメイク＋ケア

Point

■ハイライト提案は複数回に1度。その都度、トリートメントを行い、色味のメンテナ
ンスの重要性をお客様に伝える。■正確なセクショニングを行うことで、ハイライトは
正確にリタッチできる。毎回毛先にハイライトを足さずに済むので、ダメージは最小限
に抑えられることもお客様に説明。■フリンジライツやミランダライツなど、デザイ
ンポイントを絞ったハイライトを提案（フルヘッドより、低ダメージで済む）。

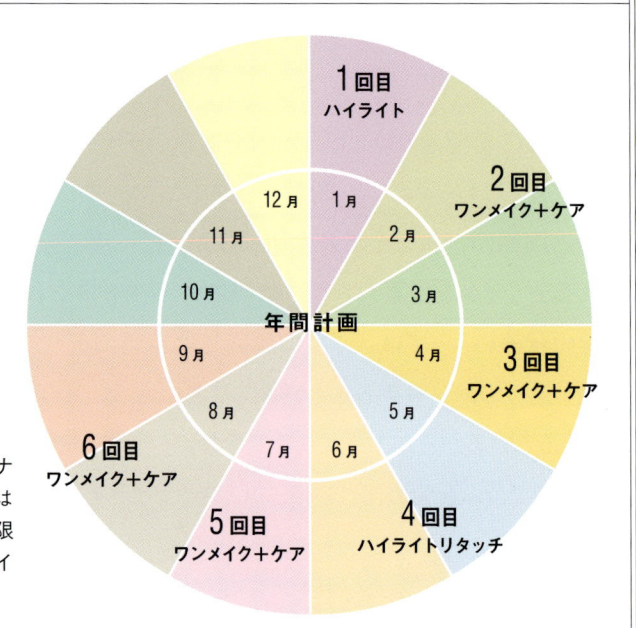

Counseling & Planning

Case 3

時間と料金の負担を抑えつつ、ハイライトを楽しみたい

目的・要望 サロン滞在時間をなるべく短くしたい。料金もその都度、相談したい。

年間計画例

1回目…ハイライト＋ワンメイク＋トナー
所要時間／約3時間　料金／20,000〜30,000円

2回目…タッチアップ
所要時間／約1時間　料金／2,000円

3回目…リタッチ
所要時間／約1.5時間　料金／6,000円

4回目以降…ワンメイク or ハイライトなど応相談

Point

■各施術の目安時間と料金を明確に提示し、お客様と相談の上、プランを立てる。時間がある時→ハイライトデザイン（3時間）　急ぎの時→タッチアップ（1時間）のみ、など。
■ハイライトを入れない場合はリタッチやタッチアップを積極的に提案。■次回のハイライトを提案すべき状態になったら、前もって所要時間と予算を説明、把握していただく。
■ポイントを絞った、スピーディなデザインも提案。

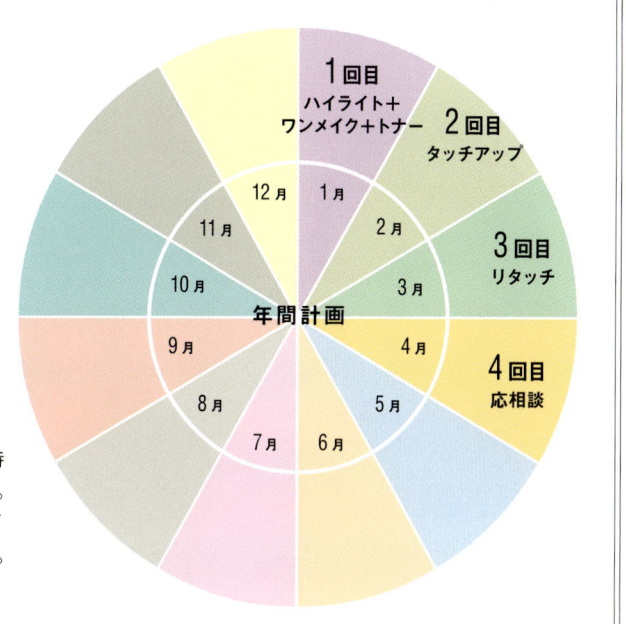

Case 4

黒染めした髪を、明るく透け感のある色に変えたい

目的・要望 ホームカラーやグレイカラーなどで黒く染めた髪を明るくしたい。

年間計画例

1回目〜3回目…ハイライト or ワンメイク
細かいウィービングハイライトかワンメイクで、現状からできるところまで、少しずつリフトアップ。

4回目…ハイライト＋ワンメイク
ハイライトの根元が伸びてきたら、前回のチップの隣にハイライトを足して、全体の見た目の明度をアップさせる。

5回目以降…メンテナンス or 色相チェンジ（応相談）
理想の明るさになったら、希望に沿ってデザインをチェンジ。

Point

■最初に現状からどこまでリフトアップできるのか、ストランドテストを行うこと。■最終的にどこまで明るくしたいのかゴールを明確にし、お客様と共有する。また回数がどれくらいかかる予定かも説明しておく。

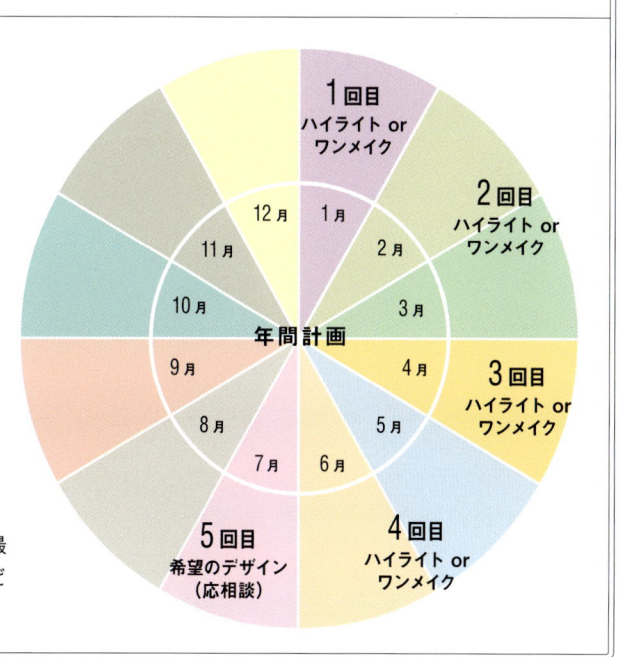

Chapter_02

継続提案のプランニング実例

『kakimoto arms』では実際にサロンの現場でどういうプランニングを行っているのか。その実例を見ていきましょう。
先々までプラン立て、提案していくことで、ダメージも最小限に抑えることができます。

 **Case 1** 以前黒染めをしてからしばらく地毛を楽しんでいたが、ハイライトで再び柔らかいデザインカラーに移行していく

1回目（10月）

ほぼ地毛（5レベル）の状態。カット中カラーの相談。地毛に近い色をベースにしたハイライトデザインを提案するためにストランドテストを行った。

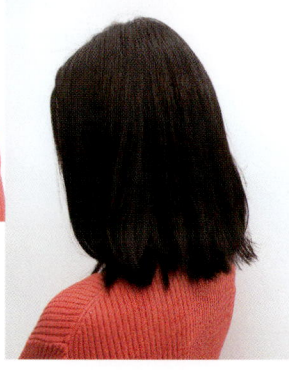

2回目（11月）

1回目ハイライト。アフターでハイライト部分をトナーしつつベースもほんのりトーンアップして柔らかな質感のデザインへ。
Base：アッシュベージュ系
　　　6レベル
Highlight：アッシュベージュ系
　　　　　12レベル

3回目（12月）

2回目のハイライト。さらにトーンアッププしつつ赤味のない色を被せて外国人風カラーに
Base：グレージュ系
　　　7.5レベル
Highlight：グレージュ系13レベル

color_KYOSUKE FUKUCHI　hair_YURIKA NOMURA

Counseling & Planning

お客様データ

- 19歳の学生
- パーソナルカラーはオータム
- ビフォーは1年前に黒染めをして以来、
  ノーカラーの状態（残留ティントはなし）
  現状5レベル
- クセ毛で乾燥毛、広がりやすい髪質
  褪色すると、赤味が出やすい
- サロンモデルで、
  過去にハイライトを経験している
- 来店周期は決まっていない

▶

要望・悩み・プランニングの注意点

- クセ毛でパサつきやすく、
  褪色すると、赤味が出やすいのが悩み
- 以前、ハイライトが好きで
  繰り返していたため、ダメージが心配
- 色持ちをよくしたい。
- アッシュ系やグレージュ系が好み
- このところずっと黒髪だったので、
  以前やっていたハイライトで印象を変えたい
- 今後は少しずつ明るくして、カラーを楽しみたい

▶

ダークなベースカラーが似合うのと、褪色したとき赤味が出てこないようにベースの明度はあまり上げず、ハイライトを徐々に足して柔らかくしていく提案。

プランニング

10月（1回目）

カウンセリングで地毛に近い色をベースにしたハイライトデザインを相談。
来月から少しずつ明るくしていく事に。
今回はストランドテストのみ行った※毛先に黒染め残留ティントが残ってないかのチェック→もう黒染めの影響はないと判断。

11月（2回目）

1回目ハイライト。
地毛はそのままの状態でハイライト。1度14レベルまでリフトアップ。
アフターでハイライト部分にアッシュの色味を入れつつ、ベースもほんのりトーンアップして柔らかな質感のデザインへ。
仕上がり：ベースがアッシュベージュ系6レベル　ハイライトはアッシュベージュ系12レベル

12月（3回目）

ハイライトの明るさに慣れた頃。
より明るく柔らかな質感が希望だったので、ベースをもう少しトーンアップしつつハイライトの量もプラス。今回はグレージュ系の色味にする。
仕上がり：ベースがグレージュ系7.5レベル、ハイライトはグレージュ系13レベル。

（円グラフ：9月、10月、11月、12月、1月、2月、3月、4月、5月、6月、7月、8月）

NEXT PLAN

全体のベースの明るさや赤みが気になってきたら、暗め寒色系のワンメイクやローライトなどでトーンダウン。ハイライトの明度も残すことで透明感がありながら落ち着いた印象にチェンジ。
もしくは明るさをキープしていきたい場合は、これ以上ダメージが蓄積しないようにハイライトリタッチを提案する。

(Case 2) **髪のコンディションを毎回チェックしながら、様々な色味とデザインを楽しんでいく**

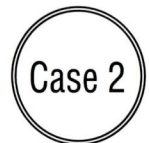

1 回目 （7 月）

ハイライト。全頭にコントラストの強いウィービングハイライトを入れ、白髪を目立ちにくくする。
Base：アッシュブラウン系8レベル
Highlight：アッシュブラウン系 14 レベル

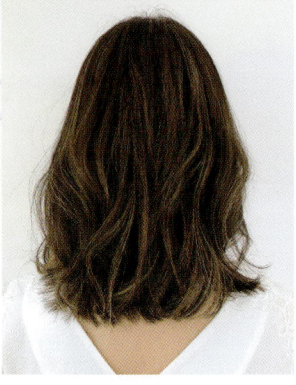

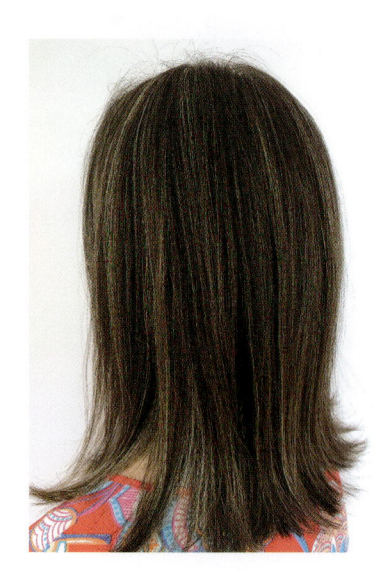

2 回目 （8 月）

ハイライト。表面にハイライトをプラスして、より赤味のないシルバー系の印象に。
Base：シルバー系8レベル
Highlight：シルバー系 14 レベル

3 回目 （9 月）

ワンメイク。根元のリタッチと全体の色味のメンテナンス。
Base：アッシュブラウン系8レベル
Highlight：アッシュブラウン系 12 レベル （顔周りと毛先は 14 レベルをキープ）

4 回目 （10 月）

ハイライトのリタッチ。ベースはワンメイクで褪色を抑え、シックな色味に。
Base：グレージュ系 6 レベル
Highlight：グレージュ系 13 レベル

color_CHIHARU SHUZUI　hair_YUSUKE NAKAZONO

Counseling & Planning

お客様データ

- 50 歳代　主婦
- パーソナルカラーはサマーウィンター
- ビフォーは1か月前にアッシュブラウン系でグレイメイクをし、ややブラウンの残留ティントがある状態。アンダーレベルは 10 レベル
- 細毛で柔らかい。顔周りにやや強いクセがある。アッシュ系が表現しやすい灰味系メラニンタイプ。グレイ比率 10%
- 来店周期は 1 か月に 1 度
- ダメージレベルは 2

要望・悩み・プランニングの注意点

- 毎回、異なる色味や、様々なハイライトデザインを楽しみたい
- 寒色系、コントラストが強いハイライトが好み
- 白髪が目立たないのであれば、白髪が染まらなくてもいい
- 褪色しやすいのが悩み
- しっかりヘアケアして、なるべくコンディションもキープしていきたい。

毎回、本日の髪のコンディションを、お客様と共に確認し、「今日、最大限に可能なデザイン」を楽しんでいただく提案をするチャンス

プランニング

7 月（1 回目）

フルヘッドでコントラストの強いハイライトを入れて、白髪を染めなくても目立たない状態に。
仕上がり：アッシュブラウン系ベースが 8 レベル、ハイライトは 14 レベル

8 月（2 回目）

コントラストをしっかりキープしたシルバー系のデザインに。ハーフヘッドでハイライトをプラスし、ベースはややトーンダウン。
仕上がり：ベースがシルバー系 8 レベル、ハイライトは 14 レベル。

9 月（3 回目）

ワンメイクで根元のリタッチと全体の色味のメンテナンス。ハイライトは毛先と顔周りの明るさを残し、華やかさをキープ。
仕上がり：アッシュブラウン系ベースが 8 レベル、ハイライトは 12 レベル (顔周りと毛先は 14 レベルをキープ)。

10 月（4 回目）

ハイライトをリタッチ。ベースは明度を下げて、シックな印象にチェンジ。
仕上がり：グレージュ系　ベースが 6 レベル、ハイライトは 13 レベル。

7 月 / 8 月 / 9 月 / 10 月 / 11 月 / 12 月 / 1 月 / 2 月 / 3 月 / 4 月 / 5 月 / 6 月

NEXT PLAN

表面のハイライトはつぶして、インナーデザインを楽しむ。

こまめにメンテナンスを続けながら、おしゃれで存在感のあるハイライトデザインをキープ

1回目（8月前半）

2か月に一度、ハイライトのリタッチ、というサイクル。今回はハイライトリタッチ＋根元リタッチ。
Base：アッシュベージュ系8レベル
Highlight：アッシュベージュ系17レベル

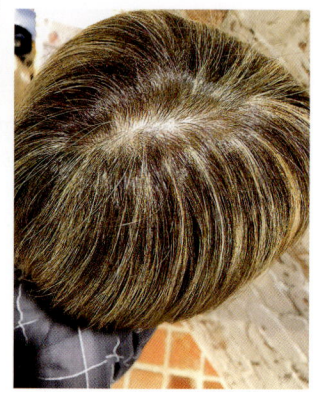

2回目（8月後半）

パート際や生え際など、白髪が一番目立つ部分のみのタッチアップ（Tゾーンリタッチ）。
Base：アッシュベージュ系8レベル

3回目（9月前半）

根元全体のリタッチ
Base：アッシュベージュ系8レベル

4回目（9月後半）

2回目同様タッチアップのみ

5回目（10月前半）

1回目同様、根元リタッチ＋ハイライトリタッチ。
Base：アッシュベージュ系8レベル
Highlight：アッシュベージュ系17レベル

color_HARUMI IWAKAMI　hair_CHIKAKO UTSUMI

Counseling & Planning

お客様データ

- 60歳代　主婦
- パーソナルカラーはスプリング
- ビフォーのベースは8レベル、ハイライトは17レベル
- 髪質は直毛で赤みが出やすい
- ダメージレベルは3〜4
- グレイ比率は60%
- 来店周期は2〜3週間

▶

要望・悩み・プランニングの注意点

- 白髪率が高いので、新生毛が伸びてくるととても気になる
- 白髪が見える状態は嫌い。白髪のままを活かすはNG
- 美意識が高く、トレンドにも敏感なので、髪はいつもきれいでおしゃれに見えて欲しい
- 直毛のため, ボブが平面的で硬く見えやすい
- 赤味が出やすいので、ハイライトはしっかりアンダーを削る必要がある

▶

2週間に一度のタッチアップ、1か月に一度のリタッチ、2か月に一度のハイライトでずっときれいな状態をキープ

プランニング

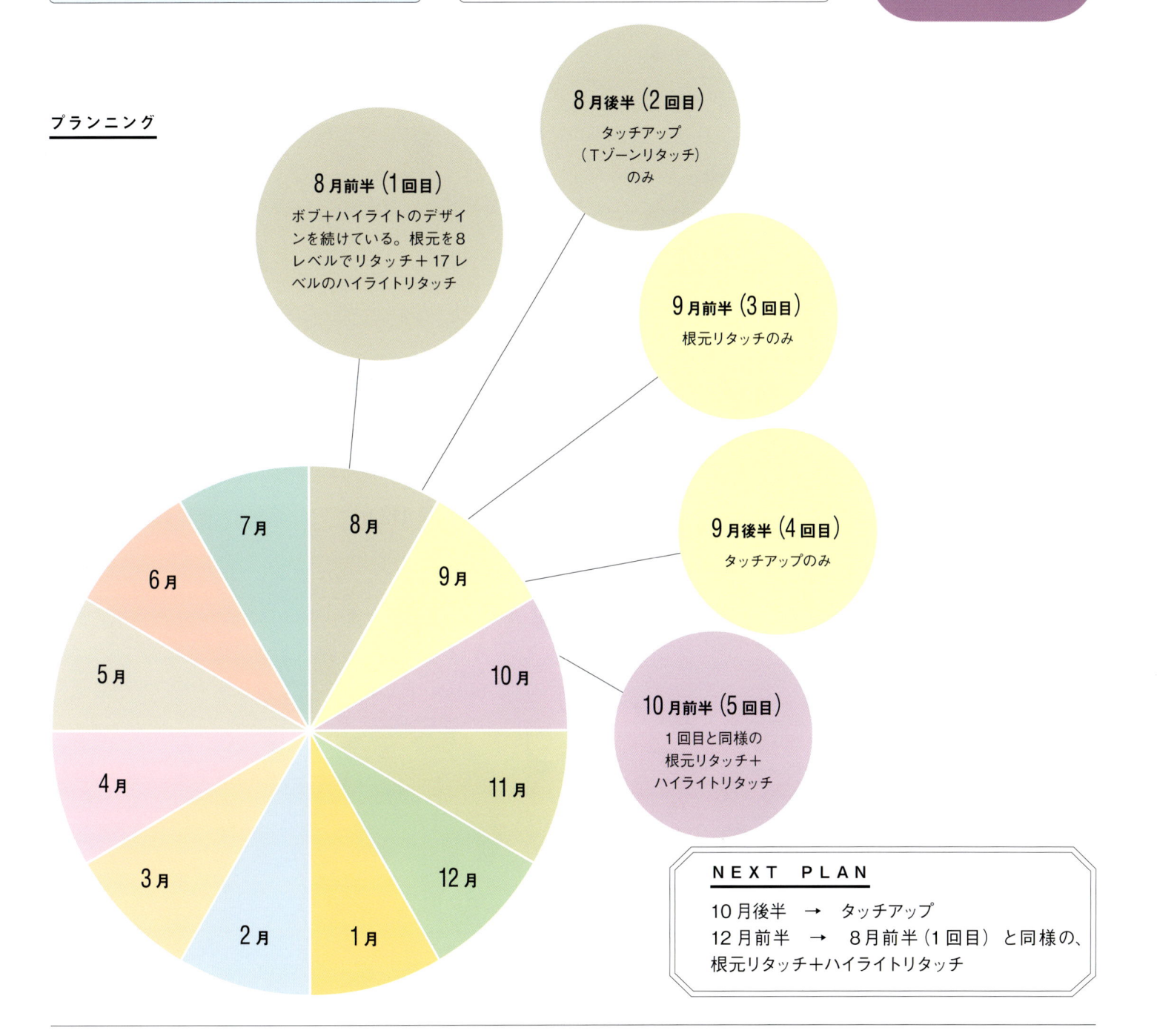

8月前半（1回目）
ボブ＋ハイライトのデザインを続けている。根元を8レベルでリタッチ＋17レベルのハイライトリタッチ

8月後半（2回目）
タッチアップ（Tゾーンリタッチ）のみ

9月前半（3回目）
根元リタッチのみ

9月後半（4回目）
タッチアップのみ

10月前半（5回目）
1回目と同様の根元リタッチ＋ハイライトリタッチ

NEXT PLAN

10月後半　→　タッチアップ
12月前半　→　8月前半（1回目）と同様の、根元リタッチ＋ハイライトリタッチ

Case 4　グレイカラーに ハイライトをプラスして、幅広いデザインを楽しみたい

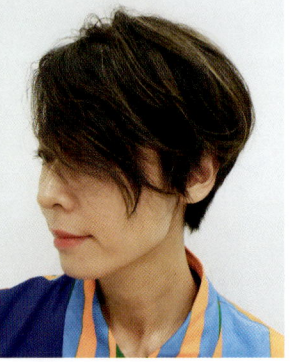

1回目（8月）

まずはベースに対してコントラストの弱いナチュラルクールな印象に。
全体をほんのり明るく、柔らかく見えるレベル差のナチュラルハイライト
仕上がり：ナチュラル系
Base：6レベル
Highlight：10レベル

2回目（10月）

ワンメイクでメンテナンス。根元の白髪と毛先の褪色をカバーしつつ、カジュアルな女性像へ。
仕上がり：ナチュラル系
Base：7レベル
Highlight：11レベル

3回目（12月）

2回目のハイライト。カッパーピンク系の色味とコントラストの強いハイライトで、モード感のあるデザインに。
仕上がり：カッパーピンク系
Base：8レベル
Highlight：13レベル

color_YOSHIKAZU SAITO　hair_IKUMI TAKAHASHI

お客様データ

- 30代 アパレル系の仕事
- パーソナルカラーはオータム
- ビフォア：ずっと6レベルのグレイカラーをしていたので残留ティントがある。
- 髪質は硬め・多め。赤み出やすい
- ダメージレベルは2〜3
- グレイ比率は15%
- 子育ての関係で、長年5〜6レベルのグレイカラーを継続
- 来店周期は2か月に1度

要望・悩み・プランニングの注意点

- ずっと暗めのグレイカラーだったので、これからは色々なカラーデザインを楽しみたい
- 子育てが一段落してきたので、イメージチェンジをしたい
- ダークトーンで硬いイメージだったので、柔らかさを出したい
- これまでずっとティントの濃い薬剤で染めてきたので、すぐには明るくなりづらい

まずは明度差の少ないナチュラルなハイライトからスタート。
褪色具合を見ながら徐々に明るくしていき、色々なカラーを提案していく。

プランニング

8月（1回目）

まずはベースに対してコントラストの弱いナチュラルなハイライトからスタート。
（まだ残留ティントがたっぷり残っているので、ストランドテストの結果、ハイライトは10レベルくらいまでしか抜けないと判断）
全体がほんのり明るく、柔らかく見えるハイライトを目指す。
仕上がり：ナチュラル系　ベース6レベル、ハイライト10レベル

10月（2回目）

ワンメイクで新生毛の白髪リタッチと、全体のトーンアップ
仕上がり：ナチュラル系　ベース7レベル、ハイライト11レベル

12月（3回目）

ベースとハイライトが褪色で明るくなってきた。今回はコントラスト強めのカッパーピンク系にして、ハイライトの存在感をやや強める。
仕上がり：カッパーピンク系　ベース8レベル、ハイライト13レベル

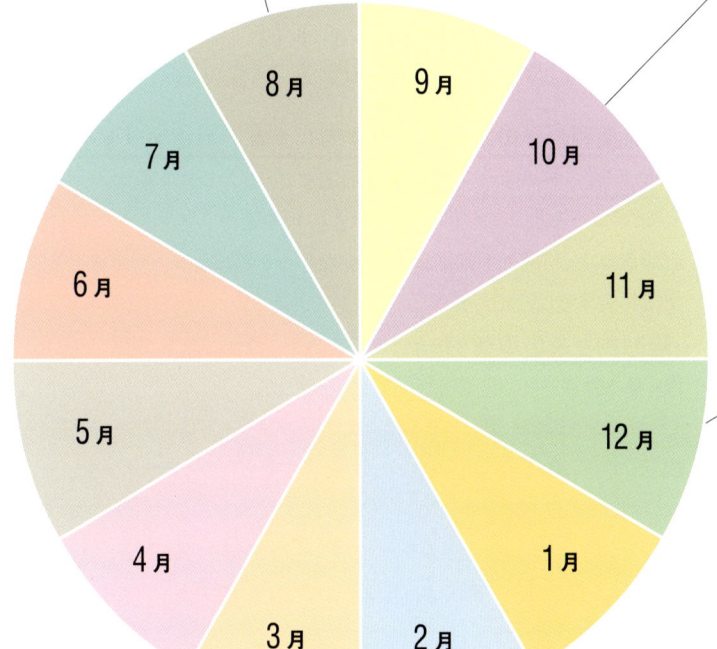

NEXT PLAN

今回の色味が気にいっていれば、ワンメイクで根元の白髪と毛先の退色をメンテナンス。
もし色味を変えたい場合でも、一気にナチュラルや寒色系にチェンジするのではなく、同じ暖色系の色相違いや彩度違いのデザインを提案し、今回提案した色味を活かす方向に。

Chapter_03

グレイカラー＋ハイライトのプログラミング

ハイライトはグレイカラーにも様々なメリットをもたらします。
ここではグレイカラーならではのカウンセリングやプログラミングのポイントをまとめました。

グレイヘアに ハイライトだからできること

- ボリューム感アップ、立体感の表現
- 伸びてくる白髪を目立ちにくくする
- 透明感、ツヤ感をプラス
- 楽しめる色味や明度の幅が増える
  →デザインの幅が広がる

グレイ＋ハイライトの カウンセリングはここを確認！

- **白髪を『どう染めたいか』** →ぼかして目立たなくなればよいのか？ 染めずに活かすのか？
- 伸びてきた時**どこが最も気になる**か？ →ハイライトのデザインポイントにする。
- **来店周期** →周期に合わせたプランニング提案。
- **ホームカラーとの併用**は？ →ホームカラー剤との明度や色味との 整合性をとる。
- **パーマや矯正も並行**して楽しんでいきたいのか？ →ダメージとの兼ね合いを検討。

グレイのブリーチの注意点

- **どこまでアンダーを削るのかを明確に**。目指すゴールによって最適なアンダーレベルは変わる。
例）グレイを活かすカラーでは、ハイライトのアンダーにオレンジ味を残すと（15レベル以下）美しく見えないことも。その場合は、16レベル以上に抜き切ったほうが〇。
- エイジング毛は毛髪強度が弱まっていることもあるので、ダメージに敏感なお客様は特に、**ブリーチ剤のパワーを的確にコントロール**。
- 残留ティントの残り方によってはハイライトがムラ抜けすることもあるので、**不安なときは必ずストランドテスト**を。

グレイカラーのハイライトは 年間サイクルでプログラミング

- **来店周期、サロン滞在可能時間、予算、目指すデザインなどを、トータルで判断**して最適なプランニングを提案。
- ハイライトをどのタイミングで入れるのが最適か、メンテナンスの頻度は？（時間と予算はどのくらいなのかを踏まえて）お客様と常に共有することが大事。
- **理想的な来店周期**を伝え、メンテナンスの重要性を理解して頂く事も重要。
- デザインを幅広く楽しんで頂くために、ハイライトは「リタッチ可能（デザイン継続）」「増やしたり、位置の変更も可能（デザインチェンジ）」なことを説明。
- 合間のホームカラーなどがデザインに影響する場合は、デメリットを説明して中止して頂くよう伝えるか、それを踏まえたプランニングを考慮。

☑ グレイ比率別　ハイライトのプログラミング例

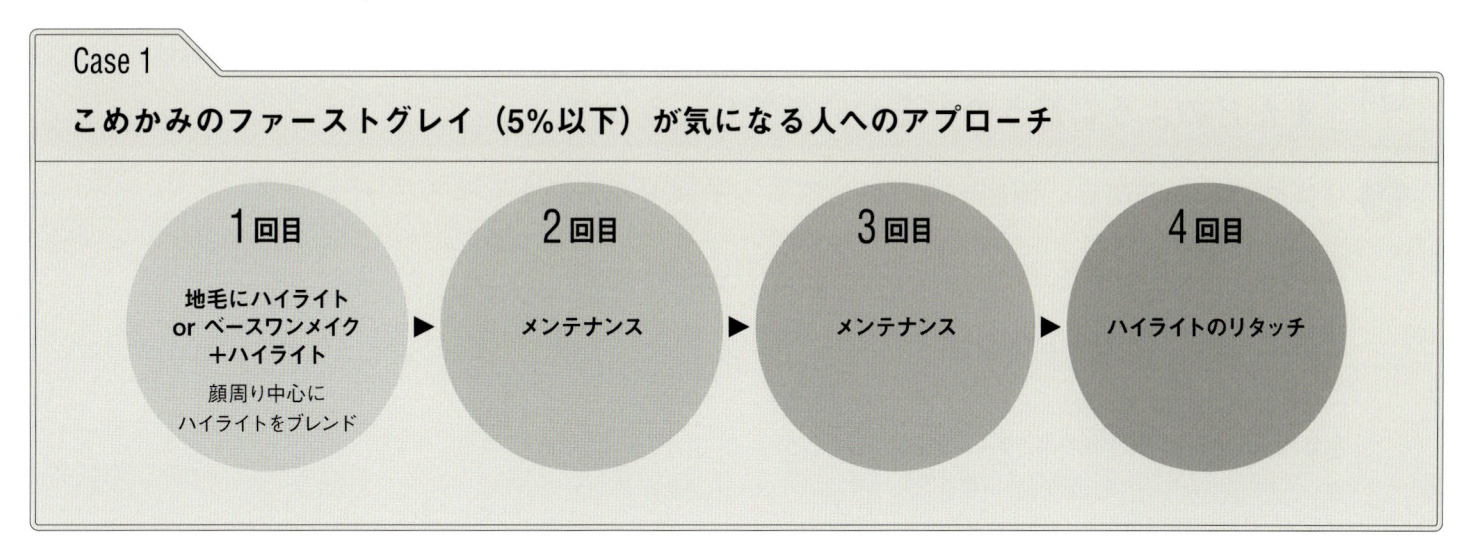

Case 1

こめかみのファーストグレイ（5%以下）が気になる人へのアプローチ

1回目　地毛にハイライト or ベースワンメイク＋ハイライト　顔周り中心にハイライトをブレンド ▶ 2回目　メンテナンス ▶ 3回目　メンテナンス ▶ 4回目　ハイライトのリタッチ

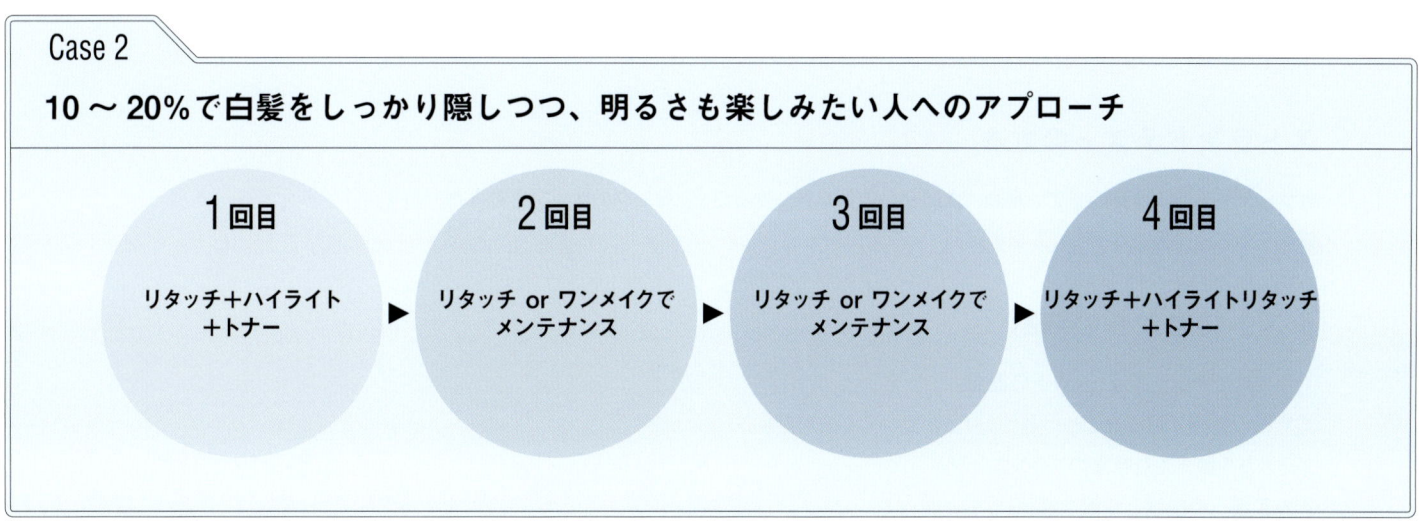

Case 2

10〜20%で白髪をしっかり隠しつつ、明るさも楽しみたい人へのアプローチ

1回目　リタッチ＋ハイライト＋トナー ▶ 2回目　リタッチ or ワンメイクでメンテナンス ▶ 3回目　リタッチ or ワンメイクでメンテナンス ▶ 4回目　リタッチ＋ハイライトリタッチ＋トナー

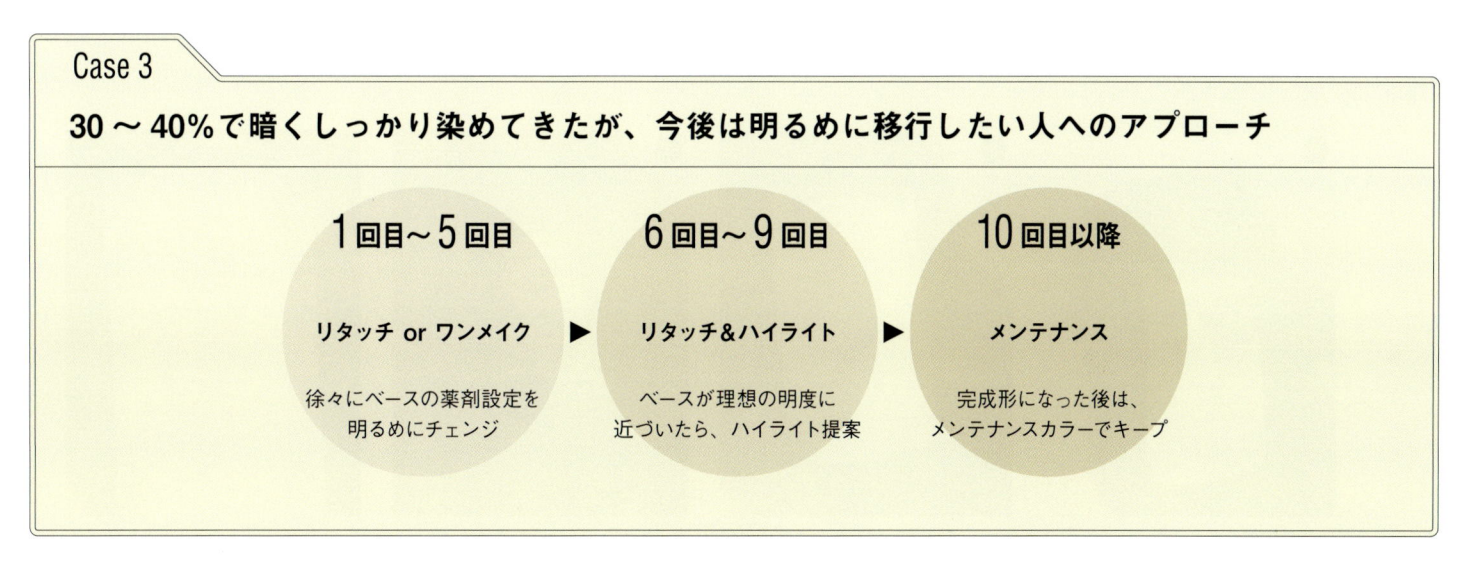

Case 3

30〜40%で暗くしっかり染めてきたが、今後は明るめに移行したい人へのアプローチ

1回目〜5回目　リタッチ or ワンメイク　徐々にベースの薬剤設定を明るめにチェンジ ▶ 6回目〜9回目　リタッチ＆ハイライト　ベースが理想の明度に近づいたら、ハイライト提案 ▶ 10回目以降　メンテナンス　完成形になった後は、メンテナンスカラーでキープ

テクニックとカウンセリングのQ&A

ここまでのテーマの中で、ご紹介しきれなかった、疑問・質問にお答えします。

Q1 ストランドテストはどのような場合に行いますか？またどのように行うのが正しいのでしょうか？

A1 リスクのある髪には、面倒がらずストランドテストを行いましょう。

目的 ……色の抜け具合の確認と、色の発色具合を判断し把握するため。

こんな場合にはテストが必要

①黒染めから明るくしたい場合。

②特殊なカラー（ヘナなど植物系カラー、塩基性カラーなど）から、アルカリカラーへチェンジしたい場合。

③ヘアマニキュアからアルカリカラーにチェンジしたい場合。

④ホット系パーマ、縮毛矯正毛にカラーする場合。

⑤いっきに強いブリーチを行いたい場合。

ストランドテストの方法

カラーデザインに影響の少ない場所（後頭部の内側など）からウィービングのチップを数本取り出す。

薬剤を塗布し、反応を見る（下記参照）。

テスト結果からの判断

①抜け具合から、残留ティントの把握。

②今日の施術で可能なこと、避けたほうが良いことの判断。

③それらを踏まえた今後のプランニング。

④お客様への説明と明確な提示。

ストランドテストのプロセス

後頭部内側など、デザインに影響のない部分から、1パネル分ベーシックなチップを拾う。

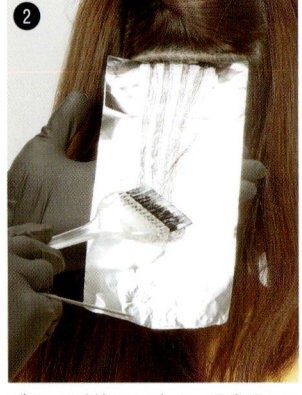

ブリーチ剤（6%OX）を、通常通りに塗布。

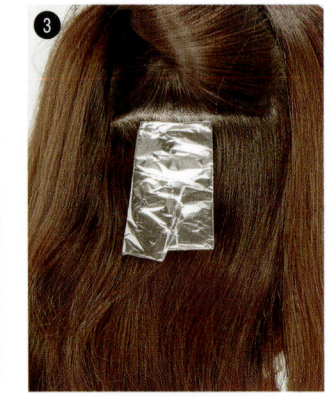

ホイルオン。必要時間放置する。

反応具合（リフト具合）とムラのあるなしなどを判断。

Q2 ホイルワークと同時にワンメイクした場合、シャンプー台での流し方には、どのような注意が必要でしょうか？

A2 ベースの薬剤を完全に流し切ってから、ホイルアウトすることが重要！

まずホイルが付いたままの状態で、ベースのワンメイク部分を乳化します。そして水圧を利用しベースのワンメイク部分の薬剤を完全に流し切ってから、ホイルを外していきます。ベースの薬剤が少しでも残っている状態でホイルアウトすると、ハイライト部分にベースの色味が入り、濁った色味になってしまうからです。この作業時に、ホイル内にベースの色を侵入させないためにも、ホイルの根元には必ずベルトを巻いています。

ホイルをつけた状態で、指を使ってベースのワンメイク部分を乳化した後、ワンメイク部分の薬剤を流す。

ホイルをずらさないようにしながら、水圧を利用して素早く丁寧に流す。

ホイルは1枚1枚めくって、裏側も完全に流すこと。10〜15分以内に流し切ることが重要。このようにしてすべて流し終わった後で、ホイルアウトする。

Q3 今日の施術料金と所要時間はどのタイミングで、どのようにお話しするのが適切ですか？

A3 カウンセリングにて今日のデザインが決まった時点で、料金と時間を明確に提示。あやふやにせず、内訳まで誠実に正確にお伝えすること。

料金と時間は、カウンセリングでデザインが決まった時点で、明確に提示します。決してあやふやにせず、目安の時間、料金の内訳まで、誠実に正確にお伝えすることが重要です。

目的のデザインになるまでに複数回かかる場合などは、数回先のプランまで施術料金や時間を提示します（今回はハイライトだから、○時間○○円、次回はワンメイクなので○時間○○円、など）。

最終的には、お客様の本日の予算と時間を踏まえた上で、ベストなメニューへとカスタマイズしていきましょう。お客様の都合によってはプランの変更（今回は予算と時間的にワンメイク、次回にハイライト、など）することもあります。

『kakimoto arms』のカラー施術料金と所要時間の一例

ウィービング

ポイント　¥6,100
ハーフヘッド　¥8,100
スリークォーター（4分の3）¥10,100
フルヘッド　¥12,100

ワンメイク

リタッチ　¥6,100
ワンメイクショート　¥9,100
ワンメイクミディアム〜ロング　¥10,100
ワンメイクスーパーロング　¥12,100

トナー（色味）

ショート　¥3,100
ミディアム〜ロング　¥4,100
スーパーロング　¥6,100

※すべて税別

所要時間例

・ワンメイク…1時間　　　・フルヘッド＋ワンメイク＋トナー…3時間〜3時間半
・ハーフヘッド＋ワンメイク＋トナー…2時間〜2時間半

■■■

kakimoto arms 流
ハイライト大辞典

All direction
高原紀子　NORIKO TAKAHARA
岩上晴美　HARUMI IWAKAMI
野村 亮　RYO NOMURA

Colorist
高原紀子　NORIKO TAKAHARA
岩上晴美　HARUMI IWAKAMI
野村 亮　RYO NOMURA
鬼島健二　KENJI KIJIMA
熊倉正和　MASAKAZU KUMAKURA
豊田麻美　ASAMI TOYODA
篠田佳奈　KANA SHINODA
堤田大介　DAISUKE TSUTSUMIDA
伏木麻弥　MAYA FUSHIKI
斎藤嘉一　YOSHIKAZU SAITO
杉村 淳　JUN SUGIMURA
今井隆史　TAKAFUMI IMAI
田部井優子　YUKO TABEI
安岡 勲　ISAO YASUOKA

Stylist
小林知弘　TOMOHIRO KOBAYASHI
細矢裕輔　YUSUKE HOSOYA
渋谷昌良　MASAYOSHI SHIBUYA
及川なつみ　NATSUMI OIKAWA
高橋 智　SATOSHI TAKAHASHI
百瀬 優　YU MOMOSE
岩元俊介　SHUNSUKE IWAMOTO
東 公美　KUMI AZUMA
高橋郁美　IKUMI TAKAHASHI
野村友理香　YURIKA NOMURA
恒松龍矢　TATSUYA TSUNEMATSU

Make-up
藤本安那　ANNA FUJIMOTO
飯田真弓　MAYUMI IIDA
太田桂子　KEIKO OTA
依光晶子　AKIKO YORIMITSU

Costume

arounds	Name.
☎03-6447-2007	☎03-6416-4860
alpha PR	ニンジニアネットワーク（rashink×RE SYU RYU）
☎03-5413-3546	☎089-927-2288
S-STORE	Harumi Showroom
☎03-6432-2358	☎03-6433-5395
CLANE DESIGN	PHEENY
☎03-5464-2191	☎03-6407-8503
GEM PROJECTOR	flake
☎03-6418-7910	☎03-5833-0013
Jolly&co.inc	mixtape inc.,
☎03-5773-5070	☎03-5721-6313
DRESSEDUNDRESSED	
☎03-6379-1214	

Costume stylist
小川夢乃

Illustration
岩元俊介（kakimoto arms）

Art Director & Design
大塚 勤（COMBOIN）

Photo
板橋和裕（新美容出版）

Editor
佐久間豊美（新美容出版）

定価4,180円（本体3,800円＋税10%）検印省略
2019年2月21日　第1刷発行
2021年5月 2日　第2刷発行

著者　　kakimoto arms

発行者　大久保 淳

発行所　新美容出版株式会社
　　　　106-0031 東京都港区西麻布1-11-12
編集部 ☎03-5770-7021　販売部 ☎03-5770-1201　FAX 03-5770-1228
　　　　http://www.shinbiyo.com
振 替　00170-1-50321
印 刷　凸版印刷株式会社

この本に関するご意見、ご感想、また単行本全般に対するご要望などを、
下記のメールアドレスでも受け付けております。
post9@shinbiyo.co.jp

20レベルスケール

チップ
7×7×5ミリ

実物大　チップ

代表的なチップを、実寸で表しました。切り取って、チップを拾う練習に役立ててください。

『kakimoto arms』では、チップ幅が感覚的に身につくまで、このような実寸のシートも使って練習しています。

チップ
2×2×5ミリ

チップ
10×5×10ミリ

チップ
7×7×5ミリ

チップ
3×3×7ミリ